国家电网
STATE GRID

95598业务指导
口袋书

国网浙江省电力有限公司客户服务中心　编

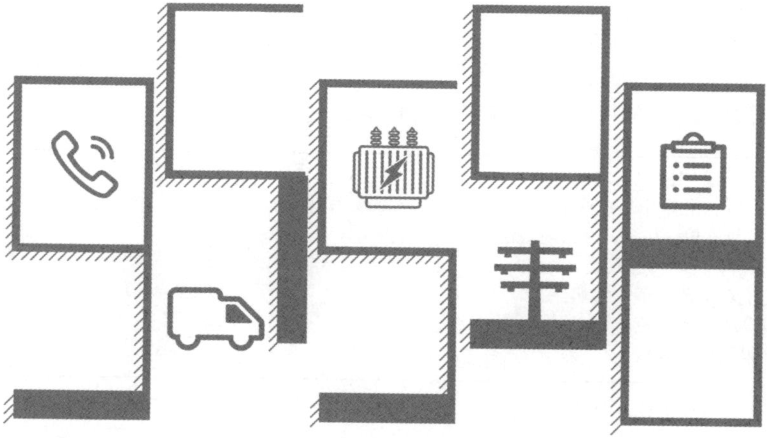

中国电力出版社
CHINA ELECTRIC POWER PRESS

内 容 提 要

通过介绍95598管控模式的变革，梳理工单流转管控各业务环节的具体工作要求，明确现行作业规范，汇编典型案例，便于一线员工准确掌握95598业务规范。本书不仅可供95598服务专业人员日常使用，还可以作为岗位专业技能培训教学参考。

图书在版编目（CIP）数据

95598业务指导口袋书 / 国网浙江省电力有限公司客户服务中心编．—北京：中国电力出版社，2019.9（2020.8重印）

ISBN 978-7-5198-3726-6

Ⅰ．①9… Ⅱ．①国… Ⅲ．①电力工业－销售服务－中国 Ⅳ．①F426.61

中国版本图书馆CIP数据核字(2019)第206229号

出版发行：中国电力出版社
地　　址：北京市东城区北京站西街19号（邮政编码100005）
网　　址：http://www.cepp.sgcc.com.cn
责任编辑：马　丹（010-63412725）
责任校对：黄　蓓　常燕昆
装帧设计：郝晓燕
责任印制：钱兴根

印　刷：三河市万龙印装有限公司
版　次：2019年9月第一版
印　次：2020年8月北京第三次印刷
开　本：880毫米×1230毫米 32开本
印　张：2.875
字　数：85千字
定　价：25.00元

编委会

主　任：潘巍巍

副主任：陈吉奂　李俊峰　曾玲丽　王正国

委　员：胡若云　蒙　燕　刘爱生　洪健山　沈　皓　涂　莹　陈耀军　刘　旸

编写组

组　长：张　爽

副组长：林少娃

成　员：魏骁雄　朱蕊倩　丁嘉涵　吴文娟　李爱华　秦晓亮　徐　君　夏红波　顾孟雷　宣　科　周丹阳　叶志军　杨静文　蒋晓丽　贾立忠　周小军　朱　伟　陈红雨　王　画　罗　欣　陈　博　叶红豆　陈奕汝　杨建军　钟震远　袁　媛　王　浙

前　言

为贯彻落实国家电网有限公司“三型两网、世界一流”发展要求，紧紧围绕公司建设世界一流能源互联网企业的战略目标，认真践行“人民电业为人民”的企业宗旨，坚持以客户为中心的服务理念，全面落实国家电网公司“放管服”改革要求，优化调整营销服务管控模式，快速适应 95598 业务规则的新变化，按照《国家电网公司 95598 客户服务业务管理办法》，国网浙江省电力有限公司客户服务中心以该办法为依据，结合国网浙江电力工作实际，编制了《95598 业务指导口袋书》。

本书介绍了 95598 管控模式的变革，梳理 95598 各业务环节的具体工作要求，明确了现行作业规范，同时汇编了实际的典型案例，便于一线员工准确掌握 95598 业务规范，发挥 95598 在提高服务质量、提升服务水平方面的作用，进一步提升服务效率和客户体验。本书不仅可供 95598 服务专业人员日常使用，还可以作为岗位专业技能培训的教学参考，在编写上突出实用性，力求使读者能够直接应用；在编排上体现图文并茂，力求通俗易懂。

本书编写得到了国网营销部、国网客服中心南方分中心、国网浙江电力营销部、国网浙江电力各地市公司的大力支持，由于时间和水平所限，难免出现疏漏之处，恳请各位专家和读者批评指正。

编　者

2019 年 8 月

Contents 目录

前言

第一部分 前导篇

一、业务分类 …… 2
二、业务流程 …… 3

第二部分 业务篇

一、工单接派 …… 6
（一）时限要求 …… 6
（二）投诉预审 …… 6
（三）处理规则 …… 7
（四）典型事例 …… 9

二、工单处理 …… 11
（一）时限要求 …… 11
（二）处理信息收集规范 …… 12
（三）敏感服务事件闭环 …… 13
（四）工单合并 …… 15
（五）典型事例 …… 15

三、工单回复 …………………………… 18
（一）工单回复规范 …………………… 18
（二）最终答复 ………………………… 18
（三）典型事例 ………………………… 20

四、工单审核 …………………………… 23
（一）工单审核规范 …………………… 23
（二）重要服务事项报备管理规范 …… 24
（三）一事一议报备 …………………… 29
（四）典型事例 ………………………… 30

五、工单回访 …………………………… 32
（一）时间策略 ………………………… 32
（二）约时工单的回访标准 …………… 32
（三）回访退单标准 …………………… 32
（四）回访话术 ………………………… 33

六、工单申诉 …………………………… 36
（一）工作范围 ………………………… 36
（二）工作流程 ………………………… 37
（三）注意事项 ………………………… 38
（四）典型事例 ………………………… 39

七、停电信息报送 …… 41
（一）规范要求 …… 41
（二）停电信息闭环 …… 42
（三）考核要求 …… 42
（四）典型事例 …… 44

八、常见系统问题及应对 …… 46
（一）系统故障异常 …… 46
（二）系统检修 …… 46
（三）网络或电源故障 …… 46

第三部分　相关文本

一、工单回复模板 …… 48
（一）投诉工单回复模板 …… 48
（二）意见工单回复模板 …… 54
（三）举报工单回复模板 …… 60
（四）服务申请工单回复模板 …… 62
（五）故障工单回复模板 …… 67
二、最终答复单格式模板 …… 70
三、重要服务事项报备资料规范 …… 72
四、工单不满意办结审批单 …… 80

第一部分　前导篇

本篇简要介绍 95598 业务在国家电网有限公司中的定位和作用，并对 95598 业务的整体流程和各业务主体的角色定位进行概述。

为实现“三型两网、世界一流”的战略目标，建设以客户为中心的现代服务体系，全面提高公司效率、运营效益和服务水平，继 2015 年 12 月实现故障报修工单直派后，2019 年国网浙江省电力有限公司实现了除投诉和意见外其他 95598 非故障工单直派，调整了业务受理规范和工单回复模板。

2019 年 3 月 23 日，实现 95598 非故障工单直派地市公司。业务咨询、举报、建议、表扬、服务申请工单由“国网客服中心下发工单经省客服中心接单派发至各个地市公司”，调整为“国网客服中心直派至各个地市公司”。

2019 年 4 月 1 日起，为落实“放管服”要求，进一步提升投诉受理针对性和有效性，聚焦诉求可核查性，国家电网公司对投诉受理判定原则进行了优化，制定了特殊客户管理规范，优化了重要服务事项报备规范和投诉、意见业务受理操作细则。

2019 年 5 月 1 日起，调整了投诉、举报、意见、故障报修、服务申请工单的回复模板，明确了必填内容，精简了回复模板。

一 业务分类

表 1-1　工单分类

<table>
<tr><th>分类依据</th><th colspan="2">业务类型</th><th>工单类型</th></tr>
<tr><td rowspan="2">按业务类型</td><td colspan="2">故障类工单</td><td>故障报修工单</td></tr>
<tr><td colspan="2">非故障类工单</td><td>业务咨询、举报、建议、表扬、服务申请、投诉、意见工单</td></tr>
<tr><td rowspan="3">按工单流转方式</td><td rowspan="2">直派类工单</td><td>故障直派类工单</td><td>故障报修工单</td></tr>
<tr><td>非故障直派类工单</td><td>业务咨询、举报、建议、表扬、服务申请工单</td></tr>
<tr><td colspan="2">非故障非直派类工单</td><td>投诉、意见工单</td></tr>
</table>

注　所有类型工单均可催办。

二　业务流程

各类工单业务流程如图 1-1 所示。流程涉及的单位有国家电网有限公司客户服务中心(简称“国网客服中心”)、省客户服务中心(简称“省客服中心”)、市供电服务指挥中心(简称“市供指中心”)、县供电服务指挥分中心(简称“县供指分中心”)等。

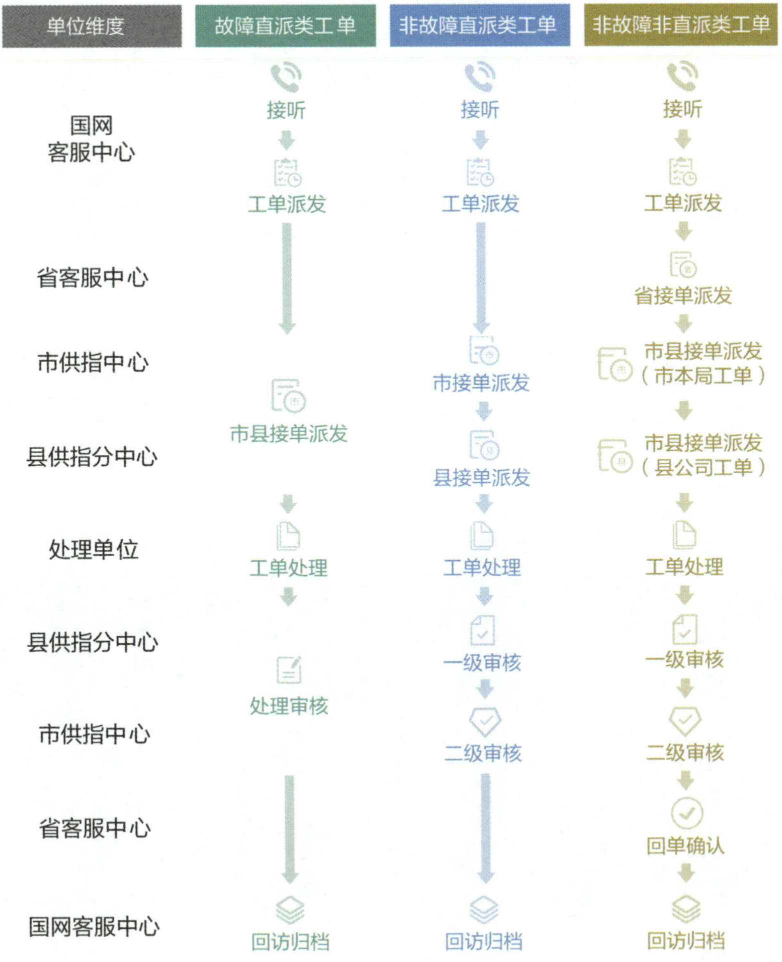

图 1-1　各类工单业务流程

第二部分　业务篇

本篇将具体讲解业务总流程中工单接派、工单处理、工单回复、工单审核、工单回访、工单申诉、停电信息报送以及常见系统问题及应对的内容，并结合真实事例的讲解帮助业务人员加深对业务调整的理解和记忆。

一 工单接派

本章主要介绍各业务类型工单的接派单时限要求、投诉预审处理流程、工单错派处理规则。

（一）时限要求

各类工单时限要求见表 2-1。

表 2-1 各类工单时限要求

<table>
<tr><th>工单分类</th><th>业务类型</th><th>地市接单时限</th><th>具体要求</th></tr>
<tr><td>故障直派类</td><td>故障</td><td>3 分钟</td><td>考核环节从国网客服中心工单派发完成至 PMS/ 供服系统接单派工完成</td></tr>
<tr><td rowspan="2">非故障
非直派类</td><td>投诉</td><td rowspan="7">2 个工作小时</td><td rowspan="2">考核环节从省客服中心工单派发完成到地市公司接单完成</td></tr>
<tr><td>意见</td></tr>
<tr><td rowspan="5">非故障
直派类</td><td>举报</td><td rowspan="5">考核环节从国网客服中心工单派发完成至地市公司接单派工完成。其中电器核损与欠费复电登记两个子类工单是 2 小时，其余工单均为 2 个工作小时</td></tr>
<tr><td>咨询</td></tr>
<tr><td>建议</td></tr>
<tr><td>表扬</td></tr>
<tr><td>服务申请</td></tr>
<tr><td>所有工单</td><td>催办</td><td>10 分钟</td><td>考核环节从地市公司收到催办工单到催办确认完成</td></tr>
</table>

注 工作小时是指工作日的 8 ：00—12 ：00，13 ：30—17 ：30。

（二）投诉预审

为加强投诉审核管控，降低投诉工单误派率，开展投诉预审工作。

◉ 工作流程

投诉工单预审工作流程如图 2-1 所示。

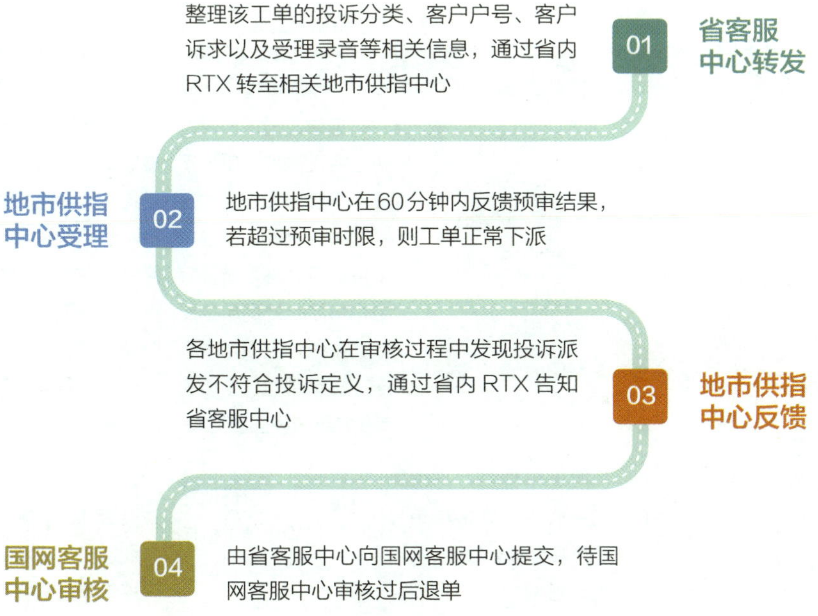

图 2-1　投诉工单预审工作流程

◉ 工作规范

（1）地市供指中心应根据受理内容、受理录音，比对知识库、营销系统、95598 系统、国网业务支持系统、重要服务事项报备等事前材料，明确投诉派发不合理点是否符合七不派原则，提供相应佐证材料。

（2）不能以已报“一事一议”或现场调查结果作为投诉预审的依据。

（三）处理规则

◉ 工单错派类型

根据错派层级不同，分为省级错派、市级错派、县级错派三种类型。

◉ 工单错派处理规则

根据快速反应、及时处理、高效协调、规范回复的要求处理错派工单。具体见表 2-2。

表 2-2 各类工单错派处理规则

工单分类	业务类型	省级错派	市级错派	县级错派
故障直派类	故障	接单单位通过市供指中心将正确接单单位反馈至省客服中心，由省客服中心向国网客服中心汇报。汇报后省客服中心通过市供指中心通知接单单位如实反馈故障工单	接单单位通过市供指中心将正确接单单位反馈至省客服中心，由省客服中心协调正确接单单位进行处理。省客服中心将实际处理单位反馈结果通过市供指中心告知接单单位，由接单单位在系统内回复工单	接单单位将正确接单单位反馈至市供指中心，经市供指中心同意后，由接单单位在系统内将工单转派至正确接单单位，正确接单单位进行实际现场处理并回复工单
非故障非直派类	投诉 意见	接单单位通过市供指中心将正确接单单位反馈至省客服中心，由省客服中心向国网客服中心汇报。经国网客服中心同意后，填写详细退单理由和正确接单单位后逐级回退至国网客服中心	接单单位通过市供指中心将正确接单单位反馈至省客服中心，经省客服中心同意后，填写详细退单理由和正确接单单位后，将工单回退至省客服中心，由省客服中心改派至正确单位	接单单位填写详细退单理由和正确接单单位后将工单回退至市供指中心，由市供指中心转派至正确接单单位
非故障直派类	举报 咨询 建议 表扬 服务申请	接单单位填写详细退单理由和正确接单单位后，逐级将工单回退至国网客服中心，并由市供指中心通过国网 RTX 告知国网客服中心退单情况	接单单位填写详细退单理由和正确接单单位后，逐级将工单回退至国网客服中心，并由市供指中心通过国网 RTX 告知国网客服中心退单情况	接单单位填写详细退单理由和正确接单单位后，将工单回退至市供指中心，由市供指中心转派至正确单位

注 故障直派类市级、县级工单错派不允许退单；非故障非直派工单、非故障直派类工单错派允许退单，经逐级审核退单。

（四）典型事例

事例一　非故障非直派工单错派，处理单位直接回单

事例内容

某意见工单，客户表示已订阅电量电费短信提醒业务，但一直未收到提醒短信。工单受理内容中记录的户号信息属于 A 地市公司，经 A 地市公司工作人员与客户联系，发现受理内容中客户户号记录有误，实际诉求应属 B 地市公司处理，A 地市公司直接以“客户反映的问题不属于本单位处理，应由 B 公司处理”回单。

事例分析

A 地市公司未逐级报备工单错派情况，对错派工单未采用退单流程。

正确做法总结

（1）A 地市公司通过 RTX 报备省客服中心工单错派情况。

（2）省客服中心协调确认后，通知 A 地市公司回退工单，改派至 B 地市公司。

（3）省客服中心提醒 B 地市公司工单处理时限，避免超期。

事例二　非故障直派工单县级错派，未通过市供指中心转派

事例内容

某客户致电 95598 要求核实抄表数据异常的诉求，国网客服中心下派服务申请工单至 A 地市公司，A 地市公司接收工单后下派至 B 县公司，B 县公

司与客户核实，该客户实际属于 C 县公司，B 县公司（B、C 县公司同属于 A 市公司）将该工单回退至 A 地市公司，A 地市公司将该工单回退至国网客服中心。

事例分析

该工单属于县级错派，所属的地市并没有派发错误，故 A 地市公司将工单回退国网客服中心的做法错误。

正确做法总结

（1）B 县公司通过 RTX 报备 A 地市公司工单错派情况。

（2）B 县公司填写实际正确的退单原因后，将工单回退至 A 地市公司。

（3）由 A 地市公司将错派工单转派至 C 县公司，C 县公司做好处理时限的管控工作，避免超期。

二 工单处理

本章节主要介绍工单处理环节时限、处理信息收集规范、敏感服务事件、工单合并的相应规范和流程。

（一）时限要求

各类工单处理环节时限见表2-3。

表2-3 各类工单处理环节时限

业务分类	业务类型	处理时限	时限要求
故障直派类	故障	城区45分钟 农村90分钟 特殊偏远地区120分钟	实际操作时限除去2分钟接单时限，要求城区43分钟、农村88分钟、特殊偏远地区118分钟到达现场
非故障非直派类	投诉	4个工作日	投诉首日联系：地市公司收到投诉工单后1个工作日内与客户取得联系
	意见	4个工作日	
非故障直派类	咨询	4个工作日	
	举报	9个工作日	
	意见	9个工作日	
	建议	9个工作日	
	表扬	无处理时限	
	服务申请	电能表异常4个工作日	
		抄表数据异常6个工作日	
		电器损坏核损24小时到达现场，处理完毕后1个工作日内回单	总处理时长没有明确要求，24小时除去20分钟接单时间，到达现场系统内实际为23小时40分钟
		欠费复电登记24小时内恢复送电	除去20分钟接单时间，24小时内恢复送电系统内实际为23小时40分钟
		其余类型5个工作日	

（二）处理信息收集规范

根据工单实际，可提供相应工单的支撑材料包括音视频、照片、图片和处理录音等。

◉ 音视频、照片、图片采集要求

音视频、照片、图片采集要求见表 2-4。

表 2-4 音视频、照片、图片采集要求

采集类型	格式要求	上传限制	其他要求
音视频采集	采用常规模式，音频建议用 WMA、WAV 或 MP3 视频建议使用 AVI、MP4 不要使用安卓系统自带的录音功能导出的格式	单次上传文件大小不超过 100M	
照片、图片采集	采用常见格式，建议使用 jpg 格式	单次上传文件大小不超过 100M	照片、图片应清晰易懂，分辨率不低于 800×600 图片涉及距离、位置、产权分界等信息，需在图片上进行标注

◉ 录音收集要求

录音收集要求见表 2-5。

表 2-5 录音收集要求

要点	要求
录音对象与反映人一致	受理环节反映人要求与指定人员联系，无论国网客服中心是否在受理内容中注明，都需在回单内容中描述客户要求与 XX 联系
	处理过程中反映人要求与指定人员联系，应在回单内容中如实描述
	处理结束后联系反映人，非本人接听，应确认其与反映人关系（如亲属、同事、朋友等），并在回单内容中如实描述
录音内容与受理内容相匹配	录音中应包含与反映人确认其反映问题的部分，并要明确告知该问题的处理结果
录音内容体现客户认可处理结果	处理确认录音中应询问客户对处理结果是否认可，对于不认可的应采用不认可回单，附加问题处理的相应证据
其他	工作人员需使用普通话，如客户使用方言应附翻译

注 反映人指拨打 95598 热线提出诉求的客户。

（三）敏感服务事件闭环

敏感服务事件指由省客户服务中心判定具有一定服务隐患或舆情风险的 95598 供电服务事件。

◉ 事件分类

（1）因故障对市级及以上党政机关等重要客户，大型商业、文化、体育、车站等人员密集公共敏感场所，以及国防、铁路、机场、煤矿、化工（冶炼）、医院等高危企业停电并造成严重影响。

受理关键词：政府、市长热线、车站、商场等。

（2）出现人身伤亡，包括明确因电力设施或电力施工引发的人身伤亡，疑似地市（县）供电单位电力产权设备引发的人身伤亡，个人行为（如攀爬电力设施）引发的人身伤亡。

受理关键词：爆炸、自杀、跳楼、伤亡、爬铁塔等。

（3）各级政府部门或电力监管机构来电；省级以上新闻媒体或重要社会团体来电；各地市政风、行风热线来电。

受理关键词：媒体、电台、电视台、行风热线等。

◉ 事件处理流程

（1）事件发起。省客服中心第一时间通过 RTX 告知相应地市公司处理，同时编辑短信发送至属地单位相关领导、专职进行提醒。短信模板如右。

> 【敏感服务事件】工单编号 ××××××，×× 地市（县）客户（政府部门、电力监管机构、新闻媒体、行风热线等）来电反映 ××，国网客服中心已派发 ×× 工单，已联系 ×× 公司催办。发送供指中心主任及分管副总，特此汇报！【发送人：××】

（2）事件响应。

1）事件接收。市供指中心值班座席在 RTX 上接到省客服中心的“敏感服务事件”通知后，立即回复“XX 公司收到”。

2）事件派发。市供指中心值班座席立即以电话形式联系处理单位，“敏感服务事件”联络人。

3）处理反馈。市供指中心值班座席应在 2 小时内对处理单位反馈的初步调查结果进行有效审核，并通过 RTX 反馈至省客服中心。

（3）事件闭环。省客服中心应在 30 分钟内完成市供指中心反馈的初步调查结果审核，审核通过后编辑闭环短信告知属地单位相关领导、专职，审核不通过回退地市公司重新处理。短信模板如右。

> 【敏感服务事件闭环】工单编号 ××××××，×× 地市（县）客户（政府部门、电力监管机构、新闻媒体、行风热线等）来电反映 ××，国网客服中心已派发 ×× 工单，工单目前已收到 ×× 公司反馈，处理结果（实际情况）为 ××。发送供指中心主任及分管副总，特此汇报！【发送人：××】

（四）工单合并

（1）除故障报修工单外，其他工单不允许合并。

（2）工单流转各环节均可以对工单进行合并。在对工单进行合并操作时，应基于营配调贯通成果，根据采集到的客户编号确定是否属于报修前已发布的停电信息影响范围，再进行工单合并，不得随意合并。

（3）合并后的工单处理完毕后，需回复（回访）所有工单。

国网客服中心将结合营配贯通相应成果，通过校验处理单位反馈的故障原因、停电信息及线—台—户关系，判定工单回复及合并的准确性。

（五）典型事例

事例一 节假日处理超时

事例内容

2019 年 4 月 27 日（星期六）9 时 50 分，某地市公司接到 95598 意见工单，工作人员于 5 月 6 日（星期一）反馈处理意见，造成工单处理超时。

事例分析

2019 年五一节期间，国家法定节假日为 5 月 1 日至 4 日，5 月 5 日恢复正常工作，但 5 月 5 日为星期日。某地市公司工作人员误以为 5 月 5 日为非工作日，未及时处理工单，造成 95598 意见工单处理超时。

正确做法总结

（1）准确了解国家法定节假日，避免与已经调整为工作日的周末发生混淆。

（2）严格做好工单处理时限管控，加快工单处理进程。

事例二 处理录音与实际不符

事例内容

工作人员和客户联系确认时，客户表示自己年纪大了很多事情不清楚，是子女拨打 95598 反映的用电问题，问题目前已解决，客户对工作人员的处理表示感谢，但客户未与子女沟通问题解决情况。国网客服中心回访客户子女后以“未处理完毕”为由，重新下派工单。工作人员将与客户的确认录音上传，但因客户声音和受理录音不符，省客服中心审核退单。

事例分析

工作人员与客户本人进行联系符合处理规范，但在工单处理内容中未注明客户本人与反映人的关系，故省客服中心在回单确认环节进行了回退处理。

正确做法总结

（1）工作人员在上传录音的同时，针对工单处理录音对象与反映人不一致，需描述双方关系。

（2）在给客户解决问题并确认后，应提醒客户告知反映人。

事例三 故障报修未进行有效联系，导致客户投诉

事例内容

某客户报修多户停电，国网客服中心派发故障工单至某地市公司，地市公司工作人员未与客户联系，直接前往故障地点进行抢修，由于抢修时间较长，超出到达现场时限，客户反映长时间无人处理，国网客服中心派发投诉工单。

事例分析

在停电的情况下客户对恢复送电比较迫切，工作人员在接到工单后未及

时与客户联系，反馈相应抢修进度，造成客户误解，导致国网客服中心派发投诉工单。

正确做法总结

根据《关于加强配网故障抢修服务的相关规定》（浙电运检字〔2013〕30号）中明确要求配网抢修人员在接单后的故障抢修过程中，要严格遵照《浙江省电力公司配网故障抢修服务规范用语》相关要求。

（1）工作人员接到工单后应拨打第一个电话联系客户，告知预计到达时间，平复报修人焦急心理，引导报修人与抢修人员保持联系。

（2）抢修人员到达故障现场后，拨打第二个电话给供电服务指挥中心（配网调控中心），详细描述现场故障情况和故障原因，告知预计修复时间。

（3）抢修人员完成故障抢修后，拨打第三个电话给供电服务指挥中心（配网调控中心），反馈具体修复情况。

三 工单回复

本章主要介绍工单回复规范和最终答复使用规范。

（一）工单回复规范

◉ 规范要求

（1）根据国家电网公司《关于做好供电服务分析支撑及投诉管控优化系统改造工作的通知》的要求，2019 年 5 月 1 日起执行“95598 业务回复信息必填要点”，国网客服中心将加强工单回复检查，国家电网公司营销部将对各单位执行情况进行通报。

（2）国家电网公司对投诉、举报、意见、服务申请、故障报修工单提出了明确的必填项要求，此类工单回复时必须严格执行对应的工单回复模板，未在此范围内的工单可采用“六要素”（处理时间、处理经过、处理结果、处理依据、处理人、客户意见）回单。

◉ 注意要点

（1）当受理内容与现场实际不符时，按现场实际情况确定填写内容，并在回单内容开始描述“下发为 ×× 类工单，实际客户反映为 ××”，标明实际对应的工单一级与二级分类，再使用相应的工单回复模板。

（2）当字数超过系统限制时，在工单回复内容中以“因字数限制，详细内容详见附件”说明，并上传包含完整回单内容的文档。

（二）最终答复

当客户诉求超出政策法规和优质服务的范畴，工作人员已向客户耐心解释，但客户仍不满意、不接受或坚持提出不合理诉求时，经省公司责任部门分管副主任或以上领导签字确认，加盖部门（单位）公章并提供处理过程、相关文件和产权分界证明材料等必要的证据，该工单可提交最终答复。以“最终答复”方式办结的工单，客户再次来电反映同一诉求时，国网客服中心应做好解释并以咨询工单办结，不再派发新工单，不采集客户满意度。

◉ 适用范围

（1）因青苗赔偿（含占地赔偿、线下树苗砍伐）、停电损失、家电赔偿、建筑物（构筑物）损坏引发经济纠纷，供电企业确已按相关规定处理，但客户诉求仍超出国家有关规定的。

（2）因触电、电力施工、电力设施安全隐患等引发的伤残或死亡事件，供电企业确已按相关规定答复处理，但客户诉求仍超出国家有关规定的。

（3）因醉酒、精神异常、限制民事行为能力的人提出无理要求，供电企业确已按相关规定答复处理，但客户诉求仍超出国家有关规定的。

（4）因供电企业电力设施（如杆塔、线路、变压器、计量装置、分支箱等）的安装位置、安全距离、噪声、校表结果和电磁辐射引发纠纷，供电企业确已按相关规定答复处理，但客户诉求仍超出国家或行业有关规定的。

◉ 填写要求

（1）最终答复工单，必须在正式回单内容前加【最终答复】标示。

（2）模板内包含省公司领导姓名及电话号码，不允许变更。

（3）回单内容及扫描件中省公司领导姓名与实际签名需一致。

（4）扫描附件必须同时有县（市本级处理单位）、市、省三级公章。

（5）95598 系统内回单内容需与盖章扫描件内容保持一致。

（6）非故障类工单扫描件必须在系统内上传。

（7）故障类工单扫描件发省客服中心，经电话确认后再流转工单，并在回单内容【最终答复】标示后注明“系统原因无法上传附件，已通过

RTX 报送”。

（8）最终答复单格式［详见第三部分（二）最终答复单格式］。

（9）不符合以上要求的工单不得添加【最终答复】标示，不得上传最终答复单扫描件，如需添加附件，仅可冠以情况说明名义。

审核流程

（1）初审。各需求单位按国家电网公司模板规范起草最终答复单，经逐级审核由地市公司将最终答复单电子版初稿通过 OA 发送至省客服中心进行初核。

（2）复审。各需求单位经各级审核后将通过初审的最终答复单经逐级签字盖章，以 PDF 扫描件形式通过 OA 发省客服中心进行复审。

（3）回单确认。各地市公司处理部门将通过复审的最终答复单上传至系统，添加【最终答复】标示后提交。

（三）典型事例

事例一 工单回复模板选择错误

事例内容

某地市客户来电反映短信错发，收到不是自己户号的短信。国网客服中心派发工单时意见类型选取“供电服务—电力短信—错发短信”。然而该地市公司回单时模板选取却是：“供电业务—抄表收费—催收电费”，工单回复模板选择错误。

事例分析

该地市公司回单前未正确使用工单回复模版“供电服务—电力短信—错发短信”，导致工单在省客服中心回单确认环节被回退。

正确做法总结

工作人员应根据下发的工单类型选取对应的模板进行回单。

事例二 无对应工单回复模板

事例内容

某地市客户拨打 95598 反映某营业厅自助缴费机器故障（吞卡）。国网客服中心派发意见工单“供电服务—服务渠道—营业厅服务”。

事例分析

由于国家电网公司未对该类型工单提出明确的回单要求，故回单时按照“六要素”填写。

正确做法总结

遇到无符合模板的情况，均按照“六要素”填写处理结果。

事例三 超出最终答复适用范围

事例内容

某地市客户投诉抄表人员上门收费时辱骂其家人，导致其妻子被吓后住院，经核实客户反映情况不属实，其实是第三方催债公司因个人财务纠纷多次拨打 95598 恶意投诉抄表人员。

事例分析

该客户诉求属于恶意投诉但不在“最终答复”适用范围内，不能以“最终答复”回复工单，省客服中心在“最终答复”初审环节予以回退。

正确做法总结

（1）此事件符合第五类重要服务事项报备，可上报重要服务事项。

（2）可收集客户恶意投诉的佐证材料后，发起国网申诉。

事例四 正确使用最终答复

事例内容

某客户反映 7 年前表计鉴定结果不合格，要求退还所交电费，但是经过核实发现《检定结果通知书》中表计校验结果不合格为外观不合格，不影响表计计量。客户表计计量合格，计费准确，电费结算有效，当时已为客户作了换表处理，而且此事发生已超过法律规定的民事权利诉求时效三年的规定，然而客户多年来仍以表计不准、内部线路问题等诉求要求供电公司退还其所交电费。

事例分析

该工单客户对计量结果经检定为合格的表计不认可，仍以表计不准、内部线路问题等诉求要求供电公司退还其所交电费的情况，符合“最终答复”适用范围，且附件材料充分证明供电企业确已按相关规定处理，客户仍提出超出国家有关规定的不合理诉求，所以使用“最终答复”回单。对以“最终答复”回复的工单，不纳入投诉指标及满意度指标的考核。

正确做法总结

（1）对于符合“最终答复”范围的工单，工作人员可申请做“最终答复”。

（2）“最终答复”材料先提交省客服中心初审，确认无误后提交省公司相关部门审核盖章。

（3）处理单位将通过复审的盖章扫描件上传系统，以“最终答复”回单。

四 工单审核

本章主要介绍工单审核规范、重要服务事项报备、一事一议的相应规范。

（一）工单审核规范

（1）工单受理内容确认。通过确认客户诉求，判断国网客服中心业务类型选择是否准确，进而确定回复内容的模板选择是否准确。

（2）回单要素确认。模板中必填项是否为空，是否删减模板内容。

确认内容详实。处理结果应正面答复客户诉求，“六要素”需齐全，其中处理时间完整直观、处理人信息清晰、处理经过详实，不能简单填写为“已妥善处理客户诉求”，客户意见需明确。

确认客户信息。处理结果中出现客户户号、联系号码等客户信息的，需与工单中的客户信息核对是否一致。

（3）回单逻辑确认。投诉、举报属实性应与回单内容描述保持一致。

回单内容中不应出现明显违背国家电网公司相关规定的描述，如垫付、回访等。投诉属实且属供电公司责任的情况除外。

（4）回单时间确认。处理结果中的处理时间应在工单受理时间之后，回单确认时间之前。

（5）支撑材料确认。支撑材料有效证明回单内容与实际处理过程应一致，避免国网客服中心回访时退单。

1）最终答复工单。应随单上传完整的最终答复单和相应附件，且最终答复单内容应与复审通过的版本内容一致，最终答复中的省、市领导签字以及部门盖章齐全。

2）不认可工单。对于客户提出不合理诉求但不符合最终答复适用范围的工单，应随单上传《工单不满意办结审批单》以及证明材料，以便基层管理人员、国网客服中心客服专员掌握情况。《工单不满意办结审批单》应填写国家电网工单号，由处理部门负责人签字并加盖处理部门公章。

3）频繁停电投诉工单。如涉及总保，应在回单内容中填写总保代码。

4）其他要求。审核上传附件，确保附件与回单内容保持一致。

多张工单审核时，应优先处理临近处理时限的工单，避免处理超时。

单张工单审核时，可采用如图 2-2 所示的口诀步骤处理。

工单审核有诀窍，编个口诀把你教。

先把受理内容看，再把处理意见瞧。

一审模板对不对，二查要素少不少。

三审逻辑通不通，四查时间对应牢。

五听录音符不符，最后再把附件瞧。

七字口诀牢牢记，工单审核没烦恼。

图 2-2　工单审核口诀

（二）重要服务事项报备管理规范

重要服务事项是指符合《国家电网公司 95598 客户服务业务管理办法》中“其他供电服务信息”范围，给客户供用电带来影响，可能会引发客户咨询、投诉、群体性反映的供用电服务事件，或客户恶意投诉可能给基层供电服务工作造成影响的事件。

◉ 报备范围

重要服务事项报备范围如图 2-3 所示。

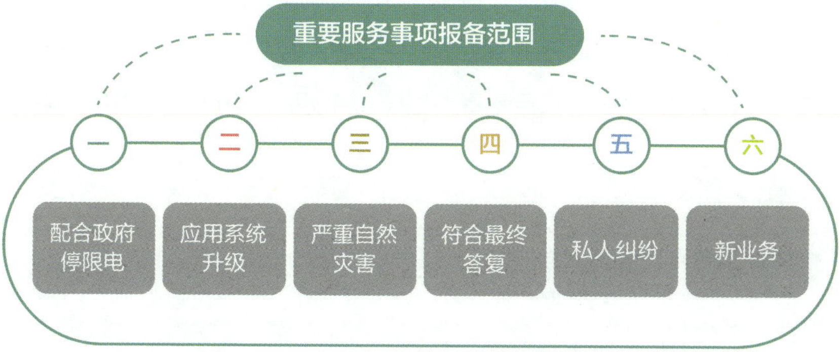

图 2-3 重要服务事项报备范围

（1）配合政府停限电。配合乡镇级及以上政府部门工作，需要采取停限电等措施影响供电服务的事项，包括安全维稳、拆迁改造、污染治理、产业结构调整、紧急避险，以及地市级及以上政府批准执行的有序用电、限电。

（2）应用系统升级。因系统升级、改造无法为客户提供正常服务，对供电服务造成较大影响的事项，包括营销业务应用系统、掌上电力、网上营业厅等面向客户服务的平台及第三方支付平台。

（3）严重自然灾害。因地震、泥石流、洪水灾害，以及经地市级及以上气象台、地市级政府部门发布的符合应用级别的预警恶劣天气造成较大范围停电、供电营业厅或第三方服务网点等服务中断，对供电服务有较大影响的事项。

（4）符合最终答复。供电企业确已按相关规定答复处理，但客户诉求仍超出国家有关规定，对供电服务有较大影响的个体重要服务事项，包括青苗赔偿（含占地赔偿、线下树苗砍伐）、停电损失、家电赔偿、建筑物（构筑物）损坏引发经济纠纷；因触电、电力施工、电力设施安全隐患等引发的伤残或死亡事件；因醉酒、精神异常、限制民事行为能力的人提出无理要求；因供电企业电力设施（如杆塔、线路、变压器、计量装置、分支箱等）的安装位置、安全距离、噪声、校表结果和电磁辐射引发纠纷。

（5）私人纠纷。因员工私人问题引起的经济纠纷、个人恩怨，违约用电、窃电客户不满处罚结果，来电反映服务态度和规范引起的恶意投诉事项。

（6）新业务。因推广“煤改电”“三供一业”“光伏扶贫”等新业务或其他国家电网公司统推项目和重点工作，可能引起的供电服务投诉事项。

◉ 报备流程

重要服务事项报备流程如图 2-4 所示。

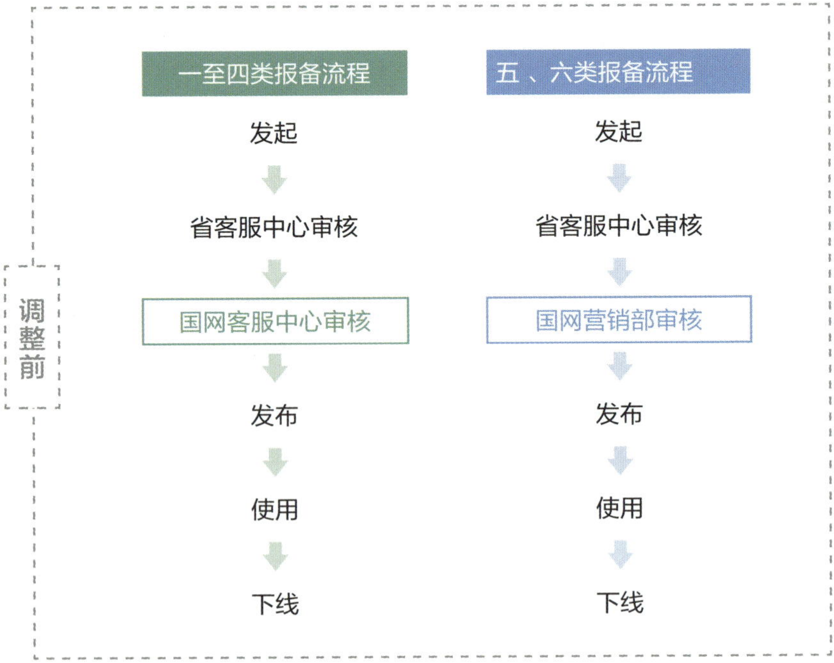

图 2-4　重要服务事项报备流程（一）

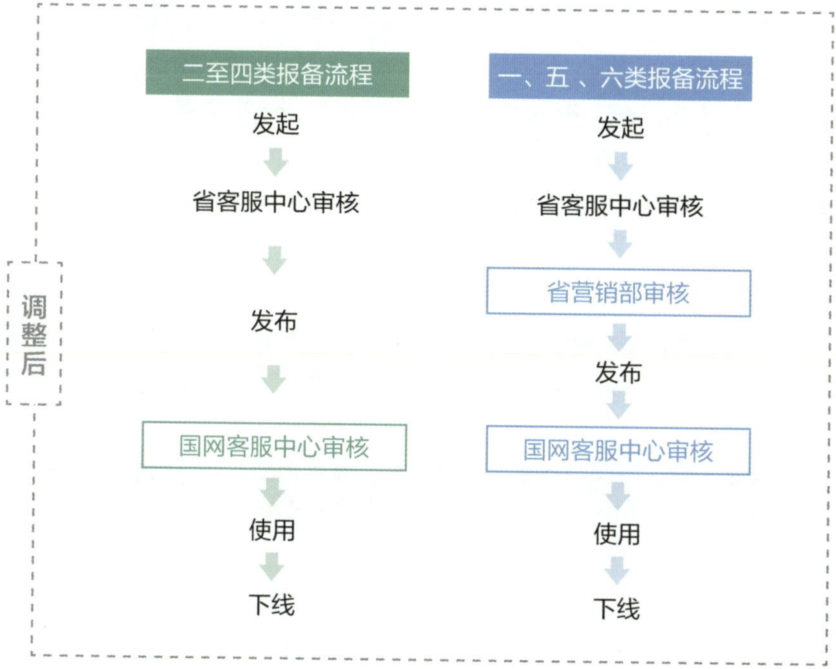

图 2-4　重要服务事项报备流程（二）

（1）发起。地市、县供电企业范围内的重要服务事项由地市公司填写《重要服务事项报备表》，由地市公司责任部门分管副主任或以上领导审核签字，加盖部门（单位）公章后，在系统中发起并提交省客服中心审核。个体重要服务事项报备还需提交省相关责任部门分管副主任或以上领导审核签字并加盖部门（单位）公章。

省公司范围内的重要服务事项原则上由省客服中心负责发起。

（2）省客服中心审核。省客服中心负责本省重要服务事项审核，对不符合报备管理规定的，回退至属地单位或部门；对符合管理规定的一（配合政府停限电）、五（私人纠纷）、六（新业务）类报备，提交省公司营销部审核；符合报备管理规定的二（应用系统升级）、三（严重自然灾害）、四（符合最终答复）类重要服务事项，发布、使用并提交国网客服中心备案。

（3）省公司营销部审核。省公司营销部负责本省一（配合政府停限电）、五（私人纠纷）、六（新业务）类重要服务事项审核，对不符合报备管理规定的，回退至省客服中心；符合管理规定的，发布、使用并提交国网客服中心备案。

（4）发布。通过审核的重要服务事项，在 95598 业务支持系统界面上发布并滚动显示，全流程实行线上痕迹管理。

（5）国网客服中心审核。国网客服中心在重要服务事项发布后 2 小时内完成规范性审核，标记报备是否合格，填写具体不合格原因。标记为合格的报备才能进入使用阶段。

（6）使用。国网客服中心根据重要服务事项报备内容的户号、电话号码、影响范围等信息比对确认客户来电是否符合报备，对于符合报备的客户诉求不下派投诉。

（7）下线。针对已结束的报备事项，系统按照截止有效时限自动完成报备下线。

◉ 报备范围

重要服务事项报备如图 2-5 所示。

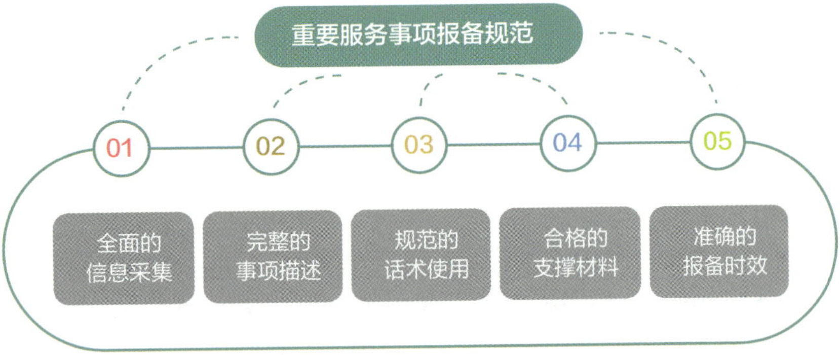

图 2-5　重要服务事项报备内容表

（1）全面的信息采集。重要服务事项报备内容应包括申请单位、申报区域、事件类型、事件发生时间、影响结束时间、申请人联系方式、上报内容、应对话术及相关支撑附件。客户资料应尽量细化，包括受影响客户名称、联系方式、详细地址（小区、街道或村）、户号、设备编号等信息。

（2）完整的事项描述。报备内容中应简述问题处理过程，如事件起因、事件发展过程、联系客户处理结果等。

（3）规范的话术使用。报备内容中应包含国网客服中心受理客户诉求时的参考话术，采用一问一答的形式，问答需涵盖报备事项要点，答复用语文明规范。

（4）合格的支撑材料。附件提供的相关支撑材料［详见第三部分（三）重要服务事项报备资料规范中表 3-7、表 3-8］应包括重要服务事项的相关证明文件或照片。

（5）准确的报备时效。第一、二、四、五、六类报备有效时间不应超过 3 个月，超过 3 个月需再次报备。

第三类报备根据不同预警程度可报送不同有效时长［详见第三部分（三）重要服务事项报备资料规范中表 3-9］。

（三）一事一议报备

对不在重要服务事项报备范围内的特殊情况，地市公司可“一事一议”进行报备，客服专员在受理时可通过系统进行查询，作为答复客户的依据，如客户不接受、不认可，仍将按受理原则派发相应工单。

报备范围

“一事一议”报备范围如图 2-6 所示。

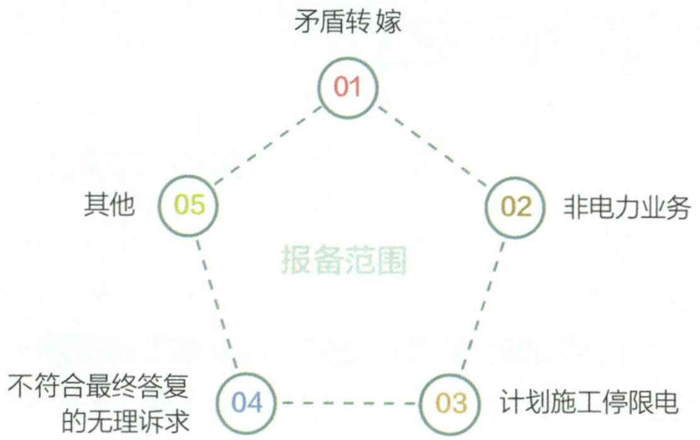

图 2-6　“一事一议”报备范围

报备流程

“一事一议”报备如图 2-7 所示。

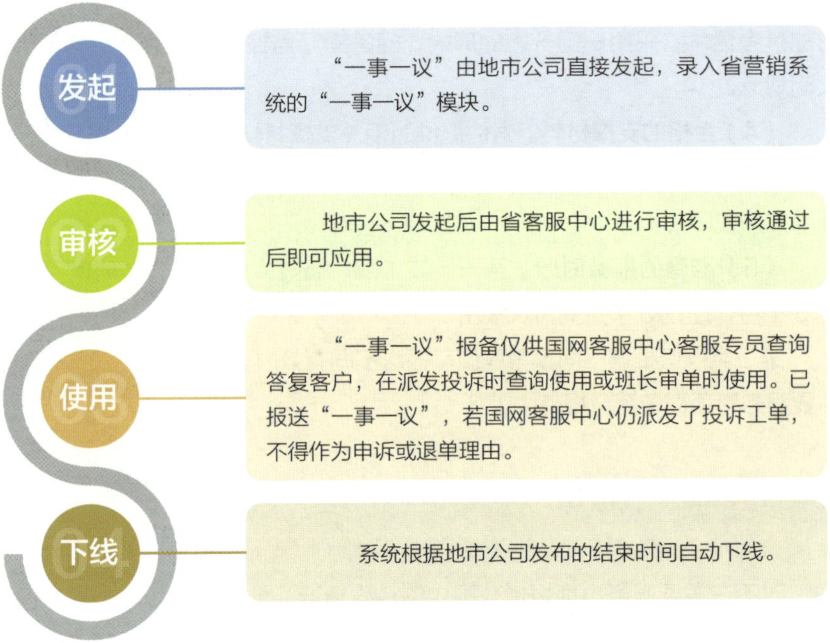

图 2-7　“一事一议”报备流程

（四）典型事例

事例　重要服务事项录入不规范

事例内容

台风期间，某公司提交第三类重要服务事项报备，结束时间填写了一个月之后。附件中的扫描件盖章页面模糊，无法辨识，且气象相关材料是某微信群的聊天记录。

事例分析

工作人员在操作时误将时间填写错误，同时存在支撑材料等多个方面的不规范。

正确做法总结

（1）不同种类的重要服务事项有不同的可报备时间，因台风引起的第三类重要服务事项报备有效时间为三天。

（2）扫描件中文字及盖章应清晰有效。

（3）不能将聊天记录或短信作为气象类支撑材料，应提供地市级及以上气象台、地市级政府部门发布的台风预警。

五 工单回访

本章主要介绍国网客服中心回访的时间策略、约时工单的回访标准、回访退单标准以及回访话术。

（一）时间策略

原则上每日 21 ：00 至次日 8 ：00，每日 12 ：00 至 14 ：00 期间，不得开展客户回访工作。

（二）约时工单的回访标准

在国网系统中，约时工单回访只能在一周内进行，对约时时间一周内的，客服专员会在约时时间到了以后进行回访；对约时时间超一周的，回访人员会正常回访，不会等待约时时间之后再回访，并告知客户预计处理完成时间。

（三）回访退单标准

如根据工单回复内容无法开展回访的工单，可直接回退。具体退单标准如下。

（1）故障报修工单处理情况中未明确电力故障原因、处理结果，仅以“已处理”等内容进行简单回复。

（2）投诉工单回复内容符合以下条件之一。

1）未针对客户投诉的问题进行答复或答复不全面的；

2）未向客户沟通解释并说明沟通解释结果的；

3）未积极有效地采取措施处理客户投诉的；

4）该提供而未提供相关投诉处理依据的；

5）回复内容为“客户已撤诉 / 客户要求撤诉”的。

（3）举报、意见、建议、服务申请、咨询工单，回复内容未针对客户的诉求进行答复，缺乏具体处理方案、时间节点等；不符合法律法规、行业规范等相关要求；回复内容过于简单，无法正面、完整答复客户反映问题，如“已转 ×× 部门处理”等。

（4）在投诉、举报类工单中，地市供电单位“处理信息”中属实性选项或责任归属与回复内容不一致，即为不属实投诉、举报，回单内容中却存在客户反映问题真实存在描述；明显存在地市供电单位责任，却以“非供电单位责任”选项回复。

（5）对于多个诉求，答复内容未能逐一答复。

对按以上退单标准进行退单后，同一工单与属地业务处理部门被反复退单超过二次及以上的，客服专员应及时上报部门业务主管或值班经理，及时与对应省市供电单位业务处理部门进行沟通。

（四）回访话术

◎ 短信回访

（1）范围。

客户联系方式调整、欠费停复电登记、居民客户应急送电、电费账单寄送、预约抄表、供电企业供电设施消缺、路灯报修登记七类服务申请以及电力短信类意见试行短信回访。其中国网浙江电力没有居民客户应急送电类业务。

故障报修优先自动采取短信回访，当客户回复不满意时，由人工介入进行二次回访。

（2）模板。

1）服务申请类业务回访短信。

尊敬的客户您好，您于 ×× 月 ×× 日来电反映的 ×× 业务已处理，请回复数字对我们的服务进行评价。1 非常满意；2 满意；3 一般。以下为不满意选项（可多选）：4 服务态度；5 服务效率；6 诉求未处理；7 其他。你用电，我用心，感谢您的积极参与，祝您生活愉快！

2）意见类业务回访短信。

尊敬的客户您好，您于 ×× 月 ×× 日来电反映的关于未收到短信业务已处理，请回复数字对我们的服务进行评价。1 非常满意；2 满意；3 一般。以下为不满意选项（可多选）：4 未处理；5 处理结果不满意；6 处理答复速度不满意；7 其他。你用电，我用心，感谢您的积极参与，祝您生活愉快！

3）故障报修类业务回访短信。

尊敬的客户您好，您于 ×× 月 ×× 日来电反映的关于 ×× 地址的故障报修已处理，请回复数字对我们的服务进行评价。1 非常满意；2 满意；3 一般。以下为不满意选项（可多选）：4 服务态度；5 抢修质量；6 到达时间；7 抢修速度；8 现场未修复；9 其他。你用电，我用心，感谢您的积极参与，祝您生活愉快！

◉ 人工回访

（1）范围。

除客户明确要求不回访和上述通过短信回访的工单类型外，其余工单均采用人工回访。

（2）话术。

1）确认身份。

话术：您好！我是国家电网 XX 号（工号后四位）客服专员，打扰您了，请问您是 ×× 先生 / 女士吗？想就您近期来电反映问题做个回访，您看可以吗？

2）核对处理结果。

咨询、建议、意见业务话术：请问您前期反映的问题是 ×× 吗？您好，经核实，目前供电单位对您反映的事情，处理过程为 ××，处理结果为 ××。

投诉、故障报修、举报、服务申请话术：有没有人联系过您，现在有没有处理好？

3）采集满意度。

话术：您对事情的处理结果评价是非常满意、满意、一般还是不满意呢？

六 工单申诉

本章节主要介绍了申诉范围和国网申诉流程。

（一）工作范围

因客服专员责任、客户恶意投诉、系统原因、不可抗力等造成基层单位 95598 业务处理不及时或差错的，可提出 95598 业务申诉。目前 95598 业务申诉类别有工单处理满意度错误、业务类型错误、接派单超时限、处理超时限 4 类。各类别的申诉原因具体如下。

（1）工单处理满意度错误。

申诉原因：客服专员责任。

因客服专员人为原因造成的差错，如回访时客户对于处理结果满意，客服专员错误点选为不满意。

（2）业务类型错误。

申诉原因：恶意投诉。

一是有明确证据证明客户诉求存在为满足私利而诬陷工作人员的情况；二是客户提出的诉求超出国家规定或国家电网公司规定的供电公司所能承担的责任范围。

（3）接派单超时限。

申诉原因：业务支持系统原因、主干网络原因、不可抗力。

业务支持系统原因：因国网客服中心业务支持系统故障、程序缺陷导致系统缓慢或不可用。

主干网络原因：因公司广域网 CE 设备以上的骨干通信网中断、丢包等问题引起的工单派发慢、失败或无法登录业务支持系统。

不可抗力：仅限于地震、泥石流、洪水灾害、龙卷风，以及经地市级及以上气象台、地市级政府机关部门发布的符合应用级别的预警恶劣天气，地市级以上政府批准执行有序用电、限电。

（4）处理超时限。

申诉原因：城乡区域错误、业务支持系统原因、主干网络原因、不可抗力、业务类别错误。

城乡区域错误：客服专员未准确点选城乡标志，导致故障报修工单到达现场考核时间错误。

业务支持系统原因：因国网客服中心业务支持系统故障、程序缺陷导致系统缓慢或不可用。

主干网络原因：因公司广域网 CE 设备以上的骨干通信网中断、丢包等问题引起的工单派发慢、失败或无法登录业务支持系统。

不可抗力：仅限于地震、泥石流、洪水灾害、龙卷风，以及经地市级及以上气象台、地市级政府机关部门发布的符合应用级别的预警恶劣天气，地市级以上政府批准执行有序用电、限电。

业务类别错误：客服专员未准确选择业务类别，导致工单处理时限考核错误。

（二）工作流程

◉ 初次申诉流程

申诉工单初次申诉流程如图 2-8 所示。

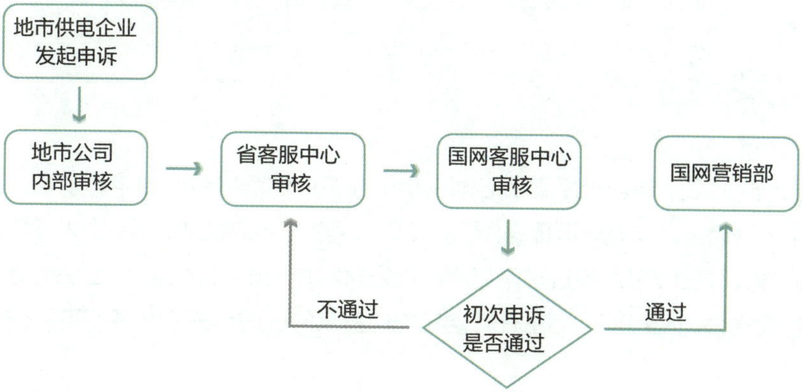

图 2-8 申诉工单初次申诉流程

（1）申诉工单根据申诉类型的不同由地市供电公司相关部门分别提出申诉。

（2）省客服中心在接到地市公司或相关部门申诉申请后，审核通过的提交到国网客服中心处理，审核不通过的注明原因后将工单退回地市公司重新处理。

（3）国网客服中心在接到省客服中心申诉申请后，相关部门及人员根据各自职责进行认定、审核，审核通过的提交国网营销部，审核不通过的注明原因后将工单退回省公司。

◉ 最终申诉流程

申诉工单最终申诉流程如图 2-9 所示。

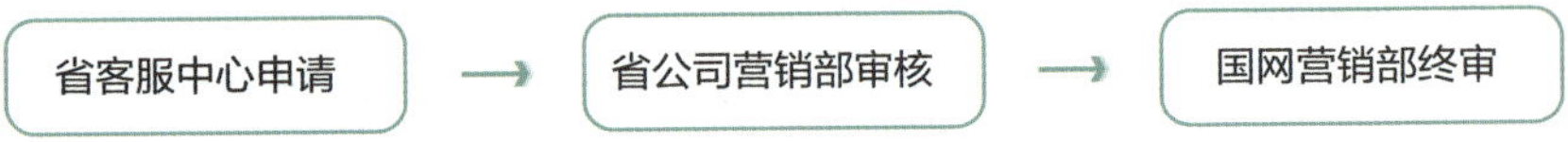

图 2-9　申诉工单最终申诉流程

（1）省公司最终申诉由省客服中心提出申请，经省公司营销部审核通过后向国网营销部提交。

（2）国网营销部在接到最终申诉申请后，进行最终审核并归档。

（三）注意事项

（1）工单申诉时原则上必须以事前或事中佐证材料作为申诉依据，其中个人证明不可作为申诉依据；因员工私人问题引起的经济纠纷、个人恩怨、个人作风等三类恶意投诉可采用事后佐证材料作为申诉依据，事后佐证材料需包含省公司归口部门副主任签字和部门盖章的证明；第三方证明不能作为申诉依据。

（2）只能对已办结归档，并且未超过 1 个日历月的工单发起申诉，逾期不再受理。

（3）对于属地公司回单中标注为电力公司责任的投诉工单，国网客服中心原则上不予通过。

（4）同一张工单对同一类型的申诉只允许提交1次，不同类型的申诉应单独发起申诉工单。

（5）对于已经发起申诉且申诉工单在途的工单，待申诉工单结束之后才能发起新的申诉。

（6）批量申诉只适用于同一供电单位、同一工单类型、同一申诉原因的95598业务工单。

（7）申诉结果不能直接修改95598业务支持系统内的原始数据，仅可作为对原始数据的备注修正。工单办结后，由系统自动对原始数据进行备注修正，不得人工干预。

（四）典型事例

事例　客户恶意投诉的申诉成功事例

事例内容

客户反映拨打××街道××营业厅电话057×-65×××时，该营业厅工作人员态度差，客户再次拨打该电话时，该营业厅工作人员直接辱骂客户，当客户询问工作人员工号时，该工作人员态度更差。事件发生未超过3个月，客户明确表示有录音等确凿证据。

申诉理由：客户反映的座机号码属于××供电公司工作人员办公室座机，其非营业厅工作人员，该座机也非营业厅座机，且该工作人员不认识来电客户，客户所说的情况均不属实。

来电客户实际为××公司工作人员。由于来电客户所在公司与该工作人员之间有借款纠纷，且客户拨打95598时提供的部门、联系地址、座机号码等信息均是贷款审核表的信息。

客户表示有录音等确凿证据，但工作人员要求其提供当时通话录音时，客户表示没有人接过电话。综上所述，客户实际是通过拨打 95598 投诉方式帮其解决债务纠纷问题，属于恶意投诉，故申请投诉工单数减 1。

申诉结果：客户反映营业厅工作人员服务态度差，根据提交的录音及证明材料核实，属于工作人员与信贷公司之间存在的借款纠纷，引起恶意投诉，故申诉通过。

事例分析

地市公司充分证明投诉客户反映的电话号码非营业厅电话，反映的投诉对象非营业厅工作人员，且提供了投诉对象的借贷记录，证明存在经济纠纷，并提供与客户的联系录音，证明了客户反映的情况与实际不一致，充分证明客户存在恶意投诉行为。

七 停电信息报送

本章主要介绍停电信息报送规范要求、闭环流程和相关考核要求。

（一）规范要求

◉ 停电信息发布

停电信息发布要求和注意事项如表 2-6、表 2-7 所示。

表 2-6 停电信息发布要求

停电信息发布时间要求	• 计划停电信息提前 7 天 • 临时停电信息提前 24 小时 • 停电时间超过 3 天以上的，必须标注长时间停电或者昼停夜送
停电信息发布字段要求	• 停电信息类型 • 停电开始时间 • 停电结束时间 • 停电区域 • 停电范围 • 停电原因 • 变压器名称 • 线路名称 • 公用变压器名称 • 影响重要客户说明（客户名） • 发布渠道 ★ 以上任一字段不得为空
分析到户要求	• 所有停电信息必须使用拓扑分析发布

表 2-7 停电信息发布注意事项

停电原因	停电区域	停电范围
不能简单填写计划停电、故障停电、临时停电等停电类型，应填写导致客户正常用电中断的原因 低压停电类型需在停电原因前添加“低压停电信息”字样	不得填写为行政区域 必须与停电线路、变电站等信息保持一致	不得填写为设备名称 必须确保省、市、区/县、乡/镇/街道、村/路/小区/等五级用电地址完整

（二）停电信息闭环

现场恢复供电后，10 分钟内完成系统内停电信息“送电”步骤。

实际恢复送电时间，早于停电结束时间 1 小时以上时，必须说明原因。

注意事项：发布电网故障停限电信息时，停电原因填写线路故障、巡线中等模糊信息的，在闭环前必须修正为详细、真实的停电原因。

◉ 停电信息延时

停电结束时间如需延时，应在原停电结束时间前半小时以上进行变更，并注明延时原因。

注意事项：进行停电信息变更后，经解释客户仍有投诉意愿，客服专员将派发投诉工单。

◉ 停电信息撤销

计划、临时停电信息须在停电开始时间前进行撤销。

故障停电信息发布后不得进行撤销处理。

（三）考核要求

◉ 规范性

同一条停（送）电信息出现 1 个或多个字段空缺或不完整、填写不规范或出现信息不完整与不规范字段，计为 1 条不规范。

（1）不完整停电信息。

停电信息类型、停电开始时间、停电结束时间、停电区域、停电范围、停电原因、影响重要客户说明（客户名）、发布渠道任意一项为空。

到停电结束时间时，现场送电时间、现场送电类型等停电信息仍为空。

（2）不规范停电信息。

1）时间不规范。

停电开始时间、停电结束时间、现场送电时间未按照实际填写。

停电时间超过 3 天以上的，未标注长时间停电或者昼停夜送。

送电时间提前 1 小时以上的，未在停电原因中标注原预计停电结束时间及提前送电原因。

2）停电原因不规范。

停电原因中只填写计划停电、故障停电、临时停电等停电类型，未填写导致客户正常用电中断的原因。

3）停电区域不规范。

未按要求填写停电涉及的供电设施情况，如变电站名称、线路名称、变压器的专用变压器、公用变压器属性信息。若台区名称与公用变压器名称不一致，需要填写台区名称，若单独公用变压器停电必须填写公用变压器名称，线路全部停电可不填变压器属性。

4）停电范围不规范。

停电范围中未填写至省、市、区／县、乡／镇街道、村／路／小区或单位名称等。

5）现场送电超时。

填写的现场送电时间在停电结束时间之后。

6）违规撤销停电信息。

停电计划取消的，未在停电时间开始前报送撤销信息。

◉ 及时性

（1）停电信息发布不及时。

客户投诉停电信息报送不及时，处理单位反馈投诉属实且为供电公司责任，将被认定为停电信息发布不及时。

（2）停电信息应发未发。

比对高压故障类报修工单与系统中已发布的停（送）电信息的停电区域

（设备）、停电范围等字段内容，确认未录入国网业务支持系统的。

（3）停电信息发布超时。

1）计划停（送）电信息：未提前 7 天报送计划停（送）电信息。

2）临时停（送）电信息：未提前 24 小时报送停电信息。

3）故障停（送）电信息：未在 15 分钟内报送停电信息。

4）超电网供电能力停限电信息：超电网供电能力需停电时原则上应提前报送停限电范围及停（送）电时间等信息，无法预判的停电拉路未在执行后 15 分钟内报送停限电范围及停（送）电时间。

（四）典型事例

事例一 停电信息发布、闭环操作规范

发布内容

停电信息 | 停电设备 | 停电用户

*供电单位：	国网浙江杭州市余杭区供电公司	停电类型：	计划停电	信息状态：	有效(生效)
变电站名称：	110kV宏畔变				
线路名称：	10kV红阳G221线				
公变名称：	塘栖建筑,万胜公变,凯得丽,杭州双友金属 制品有限公司,森鑫纺织,杭州万丰纸业有限公司,杭州富汇丝绸有限公司,酒店埭村酒店埭公变,酒店埭村红阳公变,裕力绝缘,				
停电开始时间：	2019-05-29 08:20:00	停电结束时间：	2019-05-29 16:00:00		
停电区域：	110kV宏畔变:红阳G221线万胜分线				
停电范围：	浙江省杭州市余杭区塘栖镇：万胜、酒店埭村酒店埭、酒店埭村红阳、浙江凯得丽化工有限公司、杭州双友金属制品有限公司、杭州万通汽车职业技能培训有限公司、杭州万丰纸业有限公司、杭州富汇丝绸有限公司、浙江东宁建设有限公司、杭州余杭裕立绝缘材料有限公司一带				
停电原因：	余杭城市开发公司地块出让红阳线线路迁改工程：万胜分线14#杆新开耐张、做拉线；14#杆-26#杆-利华丝绸分线5#杆间拆除双回路17档；万胜分线19#杆新放导线一档与张家G222线、红阳G221线56#杆搭通（带电作业配合）工作				
影响重要用户说明：					
发布渠道：	95598				
现场送电类型：	全部	现场送电时间：	2019-05-29 15:53:54		
送电说明：	已送电				

事例分析

停电信息类型、停电开始时间、停电结束时间、停电区域、停电范围、

停电原因、变电站名称、线路名称、发布渠道、公用专用变压器名称均已填写，并且符合填写规范。现场送电时间在停电结束时间前，且未超出 1 小时。

正确做法总结

按照停电信息报送规范发布、闭环停电信息。

事例二 停电信息发布内容中现场送电时间填写不规范

发布内容

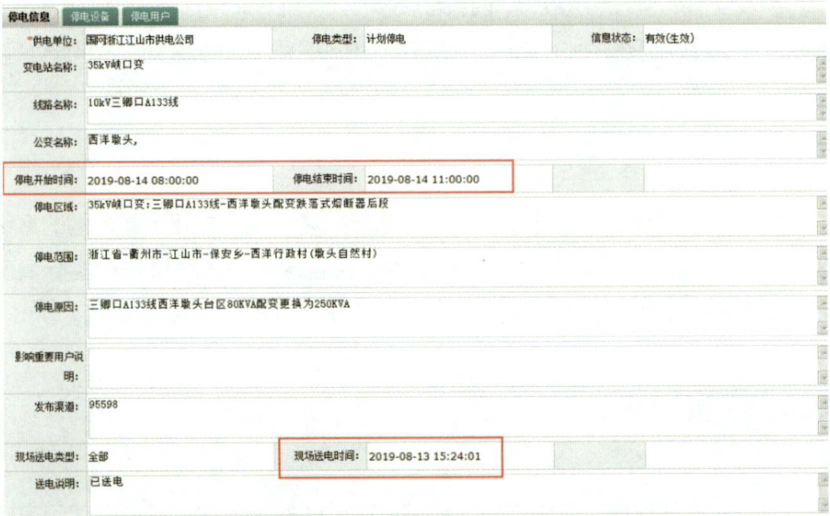

事例分析

现场送电时间早于停电开始时间，存在时间逻辑问题。

正确做法总结

现场送电时间应在停电开始时间与停电结束时间区间之内，应避免送电时间提前 1 小时以上。如因客观原因送电时间确较原定结束时间提前 1 小时以上，需在停电原因中增加提前送电的相关说明。

八 常见系统问题及应对

本章主要介绍常见系统问题及应对流程。

（一）系统故障异常

95598 系统故障

突发全省范围的系统故障，由省客服中心人员统一联系报修，同时将系统故障情况同步给国网客服中心。单个地市公司出现问题时，由地市公司自行报修处理。

PMS2.0 系统及供服系统故障

PMS2.0 系统故障，均由地市公司自行报修处理。如遇全省范围的系统故障，在 22 ： 00 至次日 08 ： 00 之间，省客服中心人员可根据实际情况向国网客服中心申请故障工单线下流转，经国网客服中心审批后执行。

（二）系统检修

省级各系统检修，应由省信通部门提前报送检修计划，经上级部门审核同意后执行。国网客服中心根据批准情况执行工单停发相应操作。

（三）网络或电源故障

单个县公司或市公司本部出现网络或电源故障，由市公司统一安排正常的单位协助处理实时业务，若出现全市网络或电源故障的情况，地市公司可电话联系对应的互备单位协助处理实时业务。

第三部分 相关文本

本篇主要介绍工单回复业务中各业务类型的95598工单回复模板、最终答复单格式、工单审核业务中重要服务事项报备的参考模板和支撑材料及工单不满意办结审批单。

一 工单回复模板

（一）投诉工单回复模板（见表 3-1）

表 3-1 投诉工单回复模板

一级分类	二级分类	模板填写内容	注释
供电质量	电压质量	1. 处理时间：20×× 年 × 月 × 日 × 时 × 分 2. 处理人：×× 部门 ×× 3. 处理经过：××× 4. 处理结果：××× 5. 处理依据：××× 6. 客户意见：认可 / 不认可 / 无法获取 7. 客户编号：××× 8. 台区名称及编号：××× 9. 电压异常的原因：×××	第 7 点，非供电产权的需注明 第 8 点，非直供客户需注明 第 9 点，若短期无法处理的写明原因及预计处理时间，后续处理措施及时间。若需转其他部门处理，说明相关原因、后续处理结果及预计完成时间
	供电可靠性	1. 处理时间：20×× 年 × 月 × 日 × 时 × 分 2. 处理人：×× 部门 ×× 3. 处理经过：××× 4. 处理结果：××× 5. 处理依据：××× 6. 客户意见：认可 / 不认可 / 无法获取 7. 客户编号：××× 8. 台区名称及编号：××× 9. 近 2 个月停电情况及原因：×××	第 7 点，非供电产权的需注明 第 8 点，非直供客户需注明 第 9 点，最近 2 个月，供电企业产权设备累计停电的次数，供电责任停电 X 次，非供电责任停电 X 次；说明每次停电的原因；如果有发布停电信息，请罗列涉及的停电信息编号及停电类型

续表

一级分类	二级分类	模板填写内容	注释
停送电投诉	停送电信息公告	1. 处理时间：20×× 年 × 月 × 日 × 时 × 分 2. 处理人：×× 部门 ×× 3. 处理经过：××× 4. 处理结果：××× 5. 处理依据：××× 6. 客户意见：认可 / 不认可 / 无法获取 7. 停电信息编号：××× 8. 停、送电时间及停电时长：××× 9. 停送电信息发布情况：××× 10. 属实投诉整改措施：×××	第 9 点，停送电信息发布渠道，停送电信息对外发布公告时间，是否按“十项承诺”执行 第 10 点，属实投诉应明确整改措施及考核结果，不属实可填“无，投诉不属实”
	停电问题	1. 处理时间：20×× 年 × 月 × 日 × 时 × 分 2. 处理人：×× 部门 ×× 3. 处理经过：××× 4. 处理结果：××× 5. 处理依据：××× 6. 客户意见：认可 / 不认可 / 无法获取 7. 停电信息编号：××× 8. 停电情况：××× 9. 停电原因：××× 10. 停送电信息与实际情况：×××	第 7 点，若无停电信息需说明原因 第 8 点，停电情况，如提前停电、延迟送电（需要提供户号或详细地址，其中一个） 第 10 点，停送电时间及停送电范围是否一致，如果不一致请说明原因。停电计划变更后是否及时告知客户
	抢修服务	1. 处理时间：20×× 年 × 月 × 日 × 时 × 分 2. 处理人：×× 部门 ×× 3. 处理经过：××× 4. 处理结果：××× 5. 处理依据：××× 6. 客户意见：认可 / 不认可 / 无法获取 7. 责任人（单位）：××× 8. 关联抢修工单：××× 9. 属实投诉整改措施及考核结果：×××	第 7 点，应填写人或单位 第 9 点，属实投诉应明确整改措施及考核结果，不属实投诉可填“无，投诉不属实”

续表

<table>
<tr><th>一级分类</th><th>二级分类</th><th>模板填写内容</th><th>注释</th></tr>
<tr><td rowspan="2">电网建设</td><td>供电设施</td><td>1. 处理时间：20×× 年 × 月 × 日 × 时 × 分
2. 处理人：×× 部门 ××
3. 处理经过：×××
4. 处理结果：×××
5. 处理依据：×××
6. 客户意见：认可 / 不认可 / 无法获取
7. 产权属性：×××
8. 设备名称及编号：×××
9. 改造时间、地点：×××
10. 是否存在违规收取费用、安全隐患及供电能力等情况：×××</td><td>第 8 点至第 10 点，非供电产权的需注明</td></tr>
<tr><td>电力施工</td><td>1. 处理时间：20×× 年 × 月 × 日 × 时 × 分
2. 处理人：×× 部门 ××
3. 处理经过：×××
4. 处理结果：×××
5. 处理依据：×××
6. 客户意见：认可 / 不认可 / 无法获取
7. 产权属性：×××
8. 施工人员姓名及所属单位：×××
9. 客户损失及赔偿情况：×××</td><td>第 8 点，非供电产权的需注明
第 9 点，客户是否有财产损失或人员伤亡、是否是供电公司责任、客户是否得到赔偿、赔偿标准，非供电产权的需注明</td></tr>
<tr><td>服务投诉</td><td>服务行为</td><td>1. 处理时间：20×× 年 × 月 × 日 × 时 × 分
2. 处理人：×× 部门 ××
3. 处理经过：×××
4. 处理结果：×××
5. 处理依据：×××
6. 客户意见：认可 / 不认可 / 无法获取
7. 责任人（单位）：×××
8. 人员态度，人员违规问题：×××
9. 整改措施：×××</td><td>第 7 点，人员姓名、班组（非公司责任主体应予以说明）
第 8 点，如果属实，说明处罚的详细情况
第 9 点，属实投诉应明确整改措施，不属实投诉可填“无，投诉不属实”</td></tr>
</table>

续表

一级分类	二级分类	模板填写内容	注释
服务投诉	服务渠道	1. 处理时间：20×× 年 × 月 × 日 × 时 × 分 2. 处理人：×× 部门 ×× 3. 处理经过：××× 4. 处理结果：××× 5. 处理依据：××× 6. 客户意见：认可 / 不认可 / 无法获取 7. 服务渠道种类：××× 8. 营业厅名称：××× 9. 客户办理何种业务：××× 10. 客户编号：××× 11. 客户反映存在的问题：×××	第 8 点至第 10 点，选填，建议填写，如确无法填写可填“无法确定”，但不能为空
营业投诉	业扩报装	1. 处理时间：20×× 年 × 月 × 日 × 时 × 分 2. 处理人：×× 部门 ×× 3. 处理经过：××× 4. 处理结果：××× 5. 处理依据：××× 6. 客户意见：认可 / 不认可 / 无法获取 7. 客户编号：××× 8. 业扩报装申请编号：××× 9. 责任人（单位）：××× 10. 原因及措施：×××	第 7 点至第 8 点，选填，建议填写，如确无法填写可填“无法确定”，但不能为空 第 10 点，属实投诉应明确问题出现的原因及整改措施，不属实投诉可填“无，投诉不属实”
	用电变更	1. 处理时间：20×× 年 × 月 × 日 × 时 × 分 2. 处理人：×× 部门 ×× 3. 处理经过：××× 4. 处理结果：××× 5. 处理依据：××× 6. 客户意见：认可 / 不认可 / 无法获取 7. 客户编号：××× 8. 业务变更类型：××× 9. 客户用电性质：××× 10. 责任人（单位）：××× 11. 原因及措施：×××	第 9 点，应填写低压居民、低压非居民、高压等 第 11 点，属实投诉应明确问题出现的原因及整改措施，不属实投诉可填“无，投诉不属实”

续表

一级分类	二级分类	模板填写内容	注释
营业投诉	抄表催费	1. 处理时间：20×× 年 × 月 × 日 × 时 × 分 2. 处理人：×× 部门 ×× 3. 处理经过：××× 4. 处理结果：××× 5. 处理依据：××× 6. 客户意见：认可 / 不认可 / 无法获取 7. 客户编号：××× 8. 抄表周期：××× 9. 抄表方式：××× 10. 电价电费计算方式：××× 11. 责任人（单位）：××× 12. 属实投诉整改措施：×××	第 10 点，应填写预付费、后付费等 第 12 点，属实投诉应明确问题出现的原因及整改措施，不属实投诉可填“无，投诉不属实”
	电价电费	1. 处理时间：20×× 年 × 月 × 日 × 时 × 分 2. 处理人：×× 部门 ×× 3. 处理经过：××× 4. 处理结果：××× 5. 处理依据：××× 6. 客户意见：认可 / 不认可 / 无法获取 7. 客户编号：××× 8. 电价电费计算方式：××× 9. 电价执行标准：××× 10. 是否存在电价执行错误：××× 11. 是否存在收取差错：××× 12. 有无提供电费发票：××× 13. 是否提前通知：××× 14. 责任单位及人员：××× 15. 整改措施：×××	第 8 点，应填写预付费、后付费等 第 9 点，应填写居民生活用电、大工业用电、一般工商业及其他用电、农业生产用电等 第 11 点，如存在差错应填写以何种方式退还客户，如没有差错则填“无差错” 第 12 点，为选填，建议填写，如确无法填写可填“无法确定”，但不能为空 第 13 点，如提前通知应填写提前发送通知单或其他通知形式，如没有提前告知则填“未提前通知” 第 15 点，属实投诉应明确整改措施，不属实投诉可填“无，投诉不属实”

续表

一级分类	二级分类	模板填写内容	注释
营业投诉	电能计量	1. 处理时间：20×× 年 × 月 × 日 × 时 × 分 2. 处理人：×× 部门 ×× 3. 处理经过：××× 4. 处理结果：××× 5. 处理依据：××× 6. 客户意见：认可 / 不认可 / 无法获取 7. 客户编号：××× 8. 是否提前通知：××× 9. 是否存在接错：××× 10. 责任单位和人员：××× 11. 整改措施：×××	第 7 点，为选填，建议填写，如确无法填写可填“无法确定”，但不能为空 第 8 点，如提前通知客户应填写换表前张贴公告通知的时间，如没有提前告知则填“未提前通知” 第 9 点，如表后线路存在接错应填写对接错的线路如何处理，如没有错接则填写“没有错接” 第 11 点，属实投诉应明确整改措施，不属实投诉可填“无，投诉不属实”
	业务收费	1. 处理时间：20×× 年 × 月 × 日 × 时 × 分 2. 处理人：×× 部门 ×× 3. 处理经过：××× 4. 处理结果：××× 5. 处理依据：××× 6. 客户意见：认可 / 不认可 / 无法获取 7. 客户编号：××× 8. 收费情况：××× 9. 整改措施：×××	第 7 点，为选填，建议填写，如确无法填写可填“无法确定”，但不能为空 第 8 点，应填写收取费用人员姓名、单位；工作人员收费是否存在差错；工作人员有无拒绝提供电费票据 第 9 点，属实投诉应明确整改措施，不属实投诉可填“无，投诉不属实”

（二）意见工单回复模板（见表 3–2）

表 3–2　意见工单回复模板

一级分类	二级分类	模板填写内容	注释
供电服务	电力短信	1. 处理时间：20×× 年 × 月 × 日 × 时 × 分 2. 处理人：×× 部门 ×× 3. 处理经过：××× 4. 处理结果：××× 5. 处理依据：××× 6. 客户意见：认可 / 不认可 / 无法获取 7. 客户编号：××× 8. 接收短信手机号码：××× 9. 短信更改情况：××× 10. 标注短信发送方：××× 11. 短信接收情况：×××	第 9 条，应填写短信更改生效日期、时间 第 10 条，选填，建议标注短信发送方（省公司发送 / 地市公司发送 / 其他公司发送），如确无法填写可填“无法确定”，但不能为空 第 11 条，如存在供电企业责任导致未收到短信、错发短信，应阐述原因或处理措施；如非供电企业责任则填写“非供电企业责任”

续表

一级分类	二级分类	模板填写内容	注释
供电业务	抄表收费	1. 处理时间：20×× 年 × 月 × 日 × 时 × 分 2. 处理人：×× 部门 ×× 3. 处理经过：××× 4. 处理结果：××× 5. 处理依据：××× 6. 客户意见：认可 / 不认可 / 无法获取 7. 客户编号：××× 8. 抄表周期：××× 9. 抄表方式：××× 10. 电价类型：××× 11. 电价电费结算方式：××× 12. 电费缴费方式及扣款日期：××× 【银行代扣】 13. 银行代扣情况：××× 14. 代扣问题说明：××× 【催收电费】 15. 欠费情况：××× 16. 通知单发放情况：××× 【电价电费】 17. 电价执行情况：××× 18. 电价执行标准及依据：××× 19. 差错电量的处理：××× 【电费发票】 20. 发票问题说明：××× 【抄表时间】 21. 抄表周期情况：××× 【电费退补】 22. 电费退补情况：××× 【电费充值卡】 23. 电费充值卡情况：×××	第 9 点，应填写手抄、集抄等 第 11 点，应填写预付费、后付费等 第 13 点，应填写是否存在银行代扣失败、错误 第 14 点，选填，建议填写代扣失败、错误原因，代扣机构名称（中国银行、支付宝、利安电超市等）、整改措施，如确无法填写可填“无法确定”，但不能为空 第 15 点，应填写客户是否欠费，若客户欠费，还应填写欠费月份、欠费金额 第 16 点，应填写发放缴费通知单、催费通知单、停电通知单的时间、位置 第 17 点，应填写是否存在电价执行错误 第 19 点，应填写差错电量的处理，采集失败、采集错误的原因、整改措施 第 20 点，应填写是否存在缴费后未提供发票及发票不规范，如存在需说明原因 第 21 点，应填写是否存在抄表周期不合理、未按规定时间抄表，如存在需说明原因 第 22 点，应填写是否存在电费差错，如存在需说明整改措施（退补电费何时到账、以什么形式退还客户） 第 23 点，应填写是否存在电费充值卡使用及购买不便等情况，如情况属实应明确整改措施

续表

一级分类	二级分类	模板填写内容	注释
供电业务	电能计量	1. 处理时间：20×× 年 × 月 × 日 × 时 × 分 2. 处理人：×× 部门 ×× 3. 处理经过：××× 4. 处理结果：××× 5. 处理依据：××× 6. 客户意见：认可 / 不认可 / 无法获取 7. 客户编号：××× 8. 表计厂家：××× 【计量（表）箱柜破损】 9. 计量（表）箱柜破损情况：××× 【计量（表）箱位置不合理】 10. 计量（表）箱柜安装情况：××× 【轮换、户表改造】 11. 是否提前通知客户：××× 12. 客户反映轮换、户表改造问题情况说明：××× 13. 轮换、户表改造时间：×××	第 8 点，选填，建议填写表计厂家，如确无法填写可填“无法确定”，但不能为空 第 9 点，应填写是否存在破损，如存在破损需说明原因及整改措施 第 10 点，应填写计量（表）箱柜安装位置是否符合规范 第 12 点，应针对客户反映的户表改造收费及工程质量不合格问题提供解释说明

续表

一级分类	二级分类	模板填写内容	注释
供电业务	业扩报装	1. 处理时间：20×× 年 × 月 × 日 × 时 × 分 2. 处理人：×× 部门 ×× 3. 处理经过：××× 4. 处理结果：××× 5. 处理依据：××× 6. 客户意见：认可 / 不认可 / 无法获取 7. 客户编号：××× 8. 客户反映问题情况说明：××× 9. 业扩报装申请编号及办理地点：××× 10. 客户申请的用电性质：××× 11. 客户申请的容量：××× 12. 环节流程时间：××× 13. 业扩报装完成情况：×××	第 7 点，选填，建议填写，如确无法填写可填“无法确定”，但不能为空 第 8 点，应填写客户反映业扩报装涉及环节所需资料缺件问题的情况说明 第 10 点，应填写低压居民、低压非居民、高压等，若是居民新装，需注明城镇或农村 第 12 点，需明确指出客户有意见环节的流程时间 第 13 点，应填写业扩报装流程是否完成，如未完成需填写原因及整改措施
	业务变更	1. 处理时间：20×× 年 × 月 × 日 × 时 × 分 2. 处理人：×× 部门 ×× 3. 处理经过：××× 4. 处理结果：××× 5. 处理依据：××× 6. 客户意见：认可 / 不认可 / 无法获取 7. 客户编号：××× 8. 业务变更类型及客户申请的用电性质：××× 9. 问题环节：××× 10. 具体申请时间：××× 11. 如何处理：×××	第 8 点，应填写业务变更类型及客户申请的用电性质 第 9 点，应明确业务变更哪个环节出现问题，如没有问题则填“无问题”

续表

一级分类	二级分类	模板填写内容	注释
供电业务	用电检查	1. 处理时间：20×× 年 × 月 × 日 × 时 × 分 2. 处理人：×× 部门 ×× 3. 处理经过：××× 4. 处理结果：××× 5. 处理依据：××× 6. 客户意见：认可 / 不认可 / 无法获取 7. 客户编号：××× 8. 窃电、违约用电流程编号：××× 9. 窃电时长：××× 10. 违约用电处理情况：×××	第 7 点至第 10 点，选填，建议填写，如确无法填写可填“无法确定”，但不能为空 第 10 点，如填写，应说明违约用电查处时间、查处方式、查处金额
	营业收费	1. 处理时间：20×× 年 × 月 × 日 × 时 × 分 2. 处理人：×× 部门 ×× 3. 处理经过：××× 4. 处理结果：××× 5. 处理依据：××× 6. 客户意见：认可 / 不认可 / 无法获取 7. 收费项目名称：××× 8. 收费的依据：×××	第 8 点，应填写收费标准、出处
	新型业务	1. 处理时间：20×× 年 × 月 × 日 × 时 × 分 2. 处理人：×× 部门 ×× 3. 处理经过：××× 4. 处理结果：××× 5. 处理依据：××× 6. 客户意见：认可 / 不认可 / 无法获取 7. 客户编号：××× 8. 客户诉求业务类型：××× 9. 材料提供情况：××× 10. 充电桩情况：××× 11. 涉及电费问题：××× 12. 故障原因及后续处理方式：×××	第 7 点，选填，建议填写，如确无法填写可填“无法确定”，但不能为空 第 8 点，应填写光伏发电、e 充电 APP、充电桩及充电卡等 第 9 点，应填写客户办理业务提供材料是否完整 第 10 点，应填写充电桩的网点名称、类型，对光伏发电、APP 类诉求则填写“不涉及充电桩” 第 11 点，如涉及电费问题，应填写退补金额

续表

一级分类	二级分类	模板填写内容	注释
电网建设	供电设施	1. 处理时间：20×× 年 × 月 × 日 × 时 × 分 2. 处理人：×× 部门 ×× 3. 处理经过：××× 4. 处理结果：××× 5. 处理依据：××× 6. 客户意见：认可 / 不认可 / 无法获取 7. 产权属性：××× 8. 电力设施及电压等级：××× 9. 明确施工地点、时间：××× 【设备安全距离不足】 10. 供电设备现场实测距离：××× 【民事赔偿】 11. 客户资产损失情况：××× 12. 处理情况：××× 【电网建设青苗赔偿】 13. 青苗赔偿，占地赔偿：××× 【废弃物清理】 14. 废弃物清理情况：×××	第 8 点至第 14 点，如非电力公司产权，则填写“非电力公司产权”，逻辑应与第 7 点保持一致 第 12 点与第 13 点，如属电力公司产权，应注明具体赔偿事项
	噪声污染	1. 处理时间：20×× 年 × 月 × 日 × 时 × 分 2. 处理人：×× 部门 ×× 3. 处理经过：××× 4. 处理结果：××× 5. 处理依据：××× 6. 客户意见：认可 / 不认可 / 无法获取 7. 责任主体：××× 8. 噪声来源：×××	第 7 点，应明确责任主体是否电力公司 第 8 点，如责任主体是电力公司，应明确噪声来源，如线路施工、用电设备等；如责任主体非电力公司则填“非供电公司责任主体”

（三）举报工单回复模板（见表 3-3）

表 3-3　举报工单回复模板

一级分类	模板填写内容	注释
窃电	1. 处理时间：20×× 年 × 月 × 日 × 时 × 分 2. 处理人：×× 部门 ×× 3. 处理经过：××× 4. 处理结果：××× 5. 处理依据：××× 6. 客户意见：认可 / 不认可 / 无法获取 7. 客户编号：××× 8. 检查日期：××× 9. 检查地点：××× 10. 检查人员及单位：××× 11. 客户用电性质：××× 12. 举报是否属实：举报情况不属实 / 属实 13. 属实举报情况说明：××× 14. 不属实举报情况说明：××× 15. 上传被举报客户的历史用电信息：××× 16. 举报人奖励情况：×××	第 7 点与第 13 点，选填，建议填写，如确无法填写可填“无法确定”，但不能为空 第 10 点，检查人员应填写两人及以上 第 13 点，如进行填报，应填写营销业务系统中对应的违窃处理工单号，说明窃电方式（按《供电营业规则》定义的窃电方式）、处理方式、处理结果，上传现场照片；若因客户原因未处理完成可不填写处理结果 第 11 点至第 16 点（第 13 点除外），在匿名、保密举报情况下统一填写“因匿名、保密无法确认”

续表

一级分类	模板填写内容	注释
违约用电	1. 处理时间：20×× 年 × 月 × 日 × 时 × 分 2. 处理人：×× 部门 ×× 3. 处理经过：××× 4. 处理结果：××× 5. 处理依据：××× 6. 客户意见：认可 / 不认可 / 无法获取 7. 客户编号：××× 8. 检查日期：××× 9. 检查地点：××× 10. 检查人员及单位：××× 11. 客户用电性质：××× 12. 举报是否属实：举报情况不属实 / 属实 13. 属实举报情况说明：××× 14. 不属实举报情况说明：××× 15. 举报人奖励情况：×××	第 7 点、第 13 点和第 14 点，选填，建议填写，如确无法填写可填“无法确定”，但不能为空 第 10 点，检查人员应填写两人及以上 第 13 点，如进行填报，应填写营销业务系统中对应的违窃处理工单号，说明窃电方式（按《供电营业规则》定义的窃电方式）、处理方式、处理结果，上传现场照片；若因客户原因未处理完成可不填写处理结果 第 14 点，如进行填报，应记录举报人描述线索、现场情况（如变压器容量测试），上传现场照片 第 11 点、第 12 点和第 15 点，在匿名、保密举报情况下统一填写“因匿名、保密无法确认”

（四）服务申请工单回复模板（见表 3-4）

表 3-4 服务申请工单回复模板

一级分类	二级分类	模板填写内容	注释
用电信息变更	客户联系方式调整	1. 处理时间：20×× 年 × 月 × 日 × 时 × 分 2. 处理人：×× 部门 ×× 3. 处理经过：××× 4. 处理结果：××× 5. 处理依据：××× 6. 客户意见：认可 / 不认可 / 无法获取 7. 客户编号：××× 8. 用电性质：××× 9. 客户联系方式调整时间：×××	第 8 点，选填，建议填写，如确无法填写可填“无法确定”，但不能为空
	定量定比调整	1. 处理时间：20×× 年 × 月 × 日 × 时 × 分 2. 处理人：×× 部门 ×× 3. 处理经过：××× 4. 处理结果：××× 5. 处理依据：××× 6. 客户意见：认可 / 不认可 / 无法获取 7. 客户编号：××× 8. 用电性质：××× 9. 定量定比：××× 10. 调整原因及处理结果：×××	第 8 点，选填，建议填写，如确无法填写可填“无法确定”，但不能为空 第 9 点，应填写定量定比原始数值及更新后的数值 第 10 点，应填写客户申请定量定比调整的原因，以及解决方案或处理结果

续表

一级分类	二级分类	模板填写内容	注释
用电异常核实	抄表数据异常	1. 处理时间：20×× 年 × 月 × 日 × 时 × 分 2. 处理人：×× 部门 ×× 3. 处理经过：××× 4. 处理结果：××× 5. 处理依据：××× 6. 客户意见：认可 / 不认可 / 无法获取 7. 客户编号：××× 8. 抄表周期：××× 9. 抄表数据异常的原因：×××	第 9 点，选填，建议填写，如确无法填写可填“无法确定”，但不能为空
	交费差错更正	1. 处理时间：20×× 年 × 月 × 日 × 时 × 分 2. 处理人：×× 部门 ×× 3. 处理经过：××× 4. 处理结果：××× 5. 处理依据：××× 6. 客户意见：认可 / 不认可 / 无法获取 7. 客户编号：××× 8. 用电性质：××× 9. 错缴费方式：××× 10. 错缴的金额：××× 11. 整改措施：×××	第 8 点，选填，建议填写，如确无法填写可填“无法确定”，但不能为空 第 11 点，若存在供电企业责任的，需明确处理措施；若非供电企业责任则填写“非供电企业责任”
	电能表异常	1. 处理时间：20×× 年 × 月 × 日 × 时 × 分 2. 处理人：×× 部门 ×× 3. 处理经过：××× 4. 处理结果：××× 5. 处理依据：××× 6. 客户意见：认可 / 不认可 / 无法获取 7. 客户编号：××× 8. 表计异常的表现：××× 9. 整改措施：×××	第 8 点，应填写表计异常的现象及原因

续表

一级分类	二级分类	模板填写内容	注释
用电异常核实	校验电表	1. 处理时间：20×× 年 × 月 × 日 × 时 × 分 2. 处理人：×× 部门 ×× 3. 处理经过：××× 4. 处理结果：××× 5. 处理依据：××× 6. 客户意见：认可 / 不认可 / 无法获取 7. 客户编号：××× 8. 验表结果：×××	第 8 点，应填写校表结果是否符合规定值
	电器损坏核损	1. 处理时间：20×× 年 × 月 × 日 × 时 × 分 2. 处理人：×× 部门 ×× 3. 处理经过：××× 4. 处理结果：××× 5. 处理依据：××× 6. 客户意见：认可 / 不认可 / 无法获取 7. 客户编号：××× 8. 电器损坏原因，涉及财产金额：××× 9. 处理方式：×××	第 8 点，选填，建议填写，如确无法填写可填“无法确定”，但不能为空 第 9 点，应填写维修、赔偿等

续表

一级分类	二级分类	模板填写内容	注释
用电服务需求	欠费复电登记	1. 处理时间：20×× 年 × 月 × 日 × 时 × 分 2. 处理人：×× 部门 ×× 3. 处理经过：××× 4. 处理结果：××× 5. 处理依据：××× 6. 客户意见：认可 / 不认可 / 无法获取 7. 客户编号：××× 8. 客户缴费时间：××× 9. 复电方式：××× 10. 复电情况：×××	第 10 点，如未能进行复电，应说明原因及补救措施
	客户侧用电需求配合	1. 处理时间：20×× 年 × 月 × 日 × 时 × 分 2. 处理人：×× 部门 ×× 3. 处理经过：××× 4. 处理结果：××× 5. 处理依据：××× 6. 客户意见：认可 / 不认可 / 无法获取 7. 客户编号：××× 8. 客户诉求点：××× 9. 解决方案：×××	第 7 点，选填，建议填写，如确无法填写可填“无法确定”，但不能为空 第 8 点，应填写配合停电，开表箱，掌上电力、95598 智能互动网站、微信户号解绑等具体诉求

续表

一级分类	二级分类	模板填写内容	注释
预约服务	预约抄表	1. 处理时间：20×× 年 × 月 × 日 × 时 × 分 2. 处理人：×× 部门 ×× 3. 处理经过：××× 4. 处理结果：××× 5. 处理依据：××× 6. 客户意见：认可 / 不认可 / 无法获取 7. 客户编号：××× 8. 预约抄表时间：××× 9. 预约抄表原因：×××	第 9 点，选填，建议填写，如确无法填写可填“无法确定”，但不能为空
	媒体采访预约	1. 处理时间：20×× 年 × 月 × 日 × 时 × 分 2. 处理人：×× 部门 ×× 3. 处理经过：××× 4. 处理结果：××× 5. 处理依据：××× 6. 客户意见：认可 / 不认可 / 无法获取（增加原因说明） 7. 采访人：××× 8. 被采访人：××× 9. 被采访事由：×××	第 7 点，应填写采访人姓名、联系方式、所属单位 第 8 点，应填写被采访人姓名、单位

（五）故障工单回复模板（见表 3-5）

表 3-5 故障工单回复模板

一级分类	模板填写内容	注释
高压故障	【高压故障】由 ×× 单位 ×× 班 ××（人员姓名）赶赴现场进行故障抢修。经查 ×× 年 ×× 月 ×× 日 ×× 时 ×× 分由于 ×× 原因导致 ×× 干线、×× 线路、×× 号杆、×× 公用变压器停电（冒火、线路接地等），造成 ×× 栋楼（或 ×× 小区、×× 片区、×× 条街道或 ×× 个村）停电。已于 ×× 年 ×× 月 ×× 日 ×× 时 ×× 分抢修完毕，恢复正常供电。关联停电信息编号 ××。客户表示认可 / 不认可。处理人：×××	第 1 点，“经查 ×× 年 ×× 月 ×× 日 ×× 时 ×× 分由于 ×× 原因”应填写故障发生时间，逻辑上需早于客户报修 第 2 点，影响的范围中应至少包含报修地址 第 3 点，多户和单户停电为二选一，其中单户停电时，户号或表号为必填，不能为空。如因客观原因确实无法获取户号，应在回单内容中描述“因 ×× 原因，无法获取客户编号” 第 4 点，如国网客服中心派发的一级分类与现场实际不符，按现场实际使用模板，在【×× 故障】标识后增加说明“下发为 ×× 故障，经现场查勘实际为 ×× 故障” 第 5 点，如故障排除后无法联系到客户，则无需填写客户是否认可，改填“由于客户联系电话关机 / 停机 / 无人接听，导致无法联系，已短信告知处理结果”；如国网客服中心下发工单时仅有固定电话，可填写“联系信息仅固定电话，无法发送短信”后回单
低压故障	【低压故障】由 ×× 单位 ×× 班 ××（人员姓名）赶赴现场进行故障抢修，经查 ×× 年 ×× 月 ×× 日 ×× 时 ×× 分由于 ×× 原因导致 ×× 低压设备故障，造成 ×× 栋楼（或 ×× 小区、×× 片区、×× 条街道或 ×× 个村）停电，或造成户号为 ×× 的客户单户停电。已于 ×× 年 ×× 月 ×× 日 ×× 时 ×× 分抢修完毕，恢复正常供电。客户表示认可 / 不认可。处理人：×××	
电能质量故障	【电能质量故障】由 ×× 单位 ×× 班 ××（人员姓名）赶赴现场进行故障抢修，经查 ×× 年 ×× 月 ×× 日 ×× 时 ×× 分由于 ×× 原因导致 ×× 栋楼（或 ×× 小区、×× 片区、×× 条街道或 ×× 个村）电能质量故障，或造成户号为 ×× 的客户单户电能质量故障。已于 ×× 年 ×× 月 ×× 日 ×× 时 ×× 分抢修完毕，恢复正常供电。客户表示认可 / 不认可。处理人：×××	

续表

一级分类	模板填写内容	注释
客户内部故障	【客户内部故障】由 ×× 单位 ×× 班 ××（人员姓名）赶赴现场进行故障抢修，经查此户（客户编号 / 表号 ××）故障为客户产权设备故障，非供电企业抢修范围，属 ×× 产权。于 ×× 年 ×× 月 ×× 日 ×× 时 ×× 分同客户解释。客户表示认可 / 不认可。处理人：×××	第 1 点，户号或表号为必填项，不能为空，如因客观原因确实无法获取户号，应在回单内容中描述“因 ×× 原因，无法获取客户编号” 第 2 点，国网客服中心派发的一级分类与现场实际不符，按现场实际使用模板。在【×× 故障】标识后增加说明“下发为 ×× 故障，经现场查勘实际为 ×× 故障”。
计量故障	【计量故障】由 ×× 单位 ×× 班，××（人员姓名）赶赴现场进行故障抢修，经查此处由于 ×× 原因导致 ××（故障部位）×× 故障，造成 ××（停电地址）单户（客户编号 / 表号：××）/ 多户没电。已于 ×× 年 ×× 月 ×× 日 ×× 时 ×× 分为客户恢复送电并做好解释，内部已发起计量故障流程。客户表示认可 / 不认可。处理人：×××	第 1 点，“经查 ×× 年 ×× 月 ×× 日 ×× 时 ×× 分由于 ×× 原因”应填写故障发生时间，逻辑上需早于客户报修 第 2 点，户号或表号为必填项，不能为空，如因客观原因确实无法获取户号，应在回单内容中描述“因 ×× 原因，无法获取客户编号” 第 3 点，如国网客服中心派发的一级分类与现场实际不符，按现场实际使用模板，在【×× 故障】标识后增加说明“下发为 ×× 故障，经现场查勘实际为 ×× 故障” 第 4 点，如故障排除后无法联系到客户，则无需填写客户是否认可，改填“由于客户联系电话关机 / 停机 / 无人接听，导致无法联系，已短信告知处理结果”；如国网客服中心下发工单时仅有固定电话，可填写“联系信息仅固定电话，无法发送短信”后回单

续表

<table>
<tr><th>一级分类</th><th>模板填写内容</th><th>注释</th></tr>
<tr><td rowspan="5">非电力故障</td><td>【紧急消缺】已处理完按“六要素”填写</td><td rowspan="5">第 1 点，紧急消缺如需约时应增加【约时处理】标签，并在“六要素”之外说明“该问题不能彻底解决。目前已采取 ×× 措施，临时解决客户问题，现场无安全隐患，预计 ××（时间）彻底处理完成。”
第 2 点，对于自供区（电厂趸售）等非供电产权的客户误报，增加【非供电企业产权】标签，并应在“故障点在 ×× 处”后明确指出
第 3 点，对于实际是计划停电或临时停电造成的停电，增加【计划 / 临时停电】标签，其中计划或临时二选一，仅保留一项。下发故障地址与计划 / 临时停电信息内地址完全一致，可按照此模板回单；如报修地址与计划停电信息内地址不一致，应说明“下发地址是 ××，已与客户核实确认实际是 ××”后方可回复工单
第 4 点，对于配合政府停电的，如已报送重要服务事项，可按此回单
第 5 点，如国网客服中心派发的一级分类与现场实际不符，按现场实际使用模板，在【×× 故障】标识后增加说明“下发为 ×× 故障，经现场查勘实际为 ×× 故障”</td></tr>
<tr><td>【紧急消缺】【约时处理】由 ×× 单位 ×× 班 ××（人员姓名）赶赴现场抢修，经查 ×× 年 ×× 月 ×× 日 ×× 时 ×× 分由于 ×× 原因导致 ××（有故障则填写故障现象，无故障则填写现场情况），但因 ×× 原因，该问题不能彻底解决。目前已采取 ×× 措施，临时解决客户问题，现场无安全隐患，预计 ××（时间）彻底处理完成。已于 ×× 年 ×× 月 ×× 日将处理结果告知客户（联系电话）。客户表示认可 / 不认可。处理人：×××</td></tr>
<tr><td>【客户误报】【非供电企业产权】×× 年 ×× 月 ×× 日 ×× 时 ×× 分，由 ×× 单位 ×× 班 ××（人员姓名）赶赴现场进行故障抢修，经查此户的故障点在 ×× 处，故障现象是 ××，非供电企业抢修范围，属 ×× 产权。已于 ×× 年 ×× 月 ×× 日 ×× 时 ×× 分同客户解释。客户表示认可 / 不认可。处理人：×××</td></tr>
<tr><td>【客户误报】【计划 / 临时停电】客户报修实际为计划 / 临时停电，已发布停电信息，编号 ××××，计划结束时间为 ×× 年 ×× 月 ×× 日 ×× 时 ×× 分，已同客户解释（联系电话）。客户表示认可 / 不认可。处理人：×××</td></tr>
<tr><td>【客户误报】【配合政府停电】×× 年 ×× 月 ×× 日 ×× 时 ×× 分，由 ×× 单位 ×× 班 ××（人员姓名）赶赴现场抢修，客户反映情况确实存在。该停电由政府“三改一拆”工作引起。根据 ×× 人民政府 ×× 文件要求，×× 地区正在由政府组织拆迁（改造等）工作。该客户户号 ××，客户反映的故障无法处理，相关证据已报重要服务事项。客户表示认可 / 不认可。处理人：×××</td></tr>
</table>

二 最终答复单格式模板

最终答复单格式模板见表 3-6。

表 3-6 最终答复单格式模板

国网工单编号		受理时间	
联系人		客户联系电话	
客户地址		处理单位	
受理内容			
处理情况	**模板一** 营销类:【最终答复】× × 年 × × 月 × × 日，经 × × 部门（班组）× × 工作人员核实，客户反映情况不属实。客户反映问题为 × ×，现场实际情况为 × ×。已于 × × 年 × × 月 × × 日向客户解释（联系电话），但客户表示不接受。该情况已向省公司营销部部门领导汇报，经 × × 副主任（电话号码）同意此为最终答复 生产类:【最终答复】× × 年 × × 月 × × 日，经 × × 部门（班组）× × 工作人员核实，客户反映情况不属实。客户反映问题为 × ×，现场实际情况为 × ×。已于 × × 年 × × 月 × × 日向客户解释（联系电话），但客户表示不接受。该情况已向省公司设备管理部部门领导汇报，经 × × 副主任（电话号码）同意此为最终答复		

续表

处理情况	**模板二** 营销类:【最终答复】××年××月××日,经××部门(班组)××工作人员核实客户反映情况确实存在,目前已采取××措施,解决客户问题,并于××年××月××日处理结果告知客户(联系电话),但客户表示不接受。现客户提出××不合理诉求,不符合××政策法规。该情况已向省公司营销部部门领导汇报,经××副主任(电话号码)同意此为最终答复 生产类:【最终答复】××年××月××日,经××部门(班组)××工作人员核实客户反映情况确实存在,目前已采取××措施,解决客户问题,并于××年××月××日处理结果告知客户(联系电话),但客户表示不接受。现客户提出××不合理诉求,不符合××政策法规。该情况已向省公司设备管理部部门领导汇报,经××副主任(电话号码)同意此为最终答复。 实际回单时请去除营销类、生产类字样		
处理人		处理时间	
县公司审核	审核意见: 审核人: 审核日期: 单位盖章		
地市公司审核	审核意见: 审核人: 审核日期: 单位盖章		
省公司审核	审核意见: 审核人: 审核日期: 单位盖章		

三 重要服务事项报备资料规范

（1）重要服务事项报备表，表中各项目需逐一填报到国网业务支持系统重要事项报备界面，填写说明见表 3-7。

表 3-7　重要服务事项报备表填写说明

序号	
事件过程	简述问题处理过程。用最简洁的语言描述事件过程。三段论述:起因、事件发展过程 、联系客户处理结果
工作建议	对问题处理的工作建议。可对国网客服中心或省客服中心提出相关工作建议
影响范围	影响客户群体或其涉及的地理范围
影响时间	事件影响的时间
统一答复口径	采用一问一答的形式，对客户打电话可能会询问的问题进行答复，答复内容注意引用服务用语，便于座席人员使用并有效地说服客户

续表

支撑材料	1. 列出汇报材料的电子文档及相关证明文件附件的名称 2. 嵌入汇报文件的电子文档及相关证明文件附件。(嵌入方法:插入一对象一由文件创建，添加需要嵌入的文件后点选“显示为图标”)
开始时间	
结束时间	
工单编号	填写国网工单编号
责任单位(部门)	填写责任归属单位或部门
责任单位(部门)联系人、职务(岗位)、联系电话	
审核单位(部门)	审核要求：市级对县级审核；职能管理部门对业务处理部门审核
审核单位(部门)联系人、职务(岗位)、联系电话	
备注	填加市公司审核人签字，并加盖单位公章的扫描件

（2）重要服务事项报备支撑材料提供要求见表 3-8。

表 3-8　重要服务事项报备支撑材料提供要求

类别	报备事项	紧急程度	材料提供单位级别	材料要求
第一类报备	安全维稳、拆迁改造、污染治理、产业结构调整	一般	乡镇级及以上政府部门或项目指挥部、房屋征收与补偿办公室、工作领导小组等临时机构（临时机构需要提供乡镇级及以上政府部门成立该机构的文件）	拆迁改造、污染治理须提供拆迁或治理客户明细（户名、户号、地址）
	紧急避险	紧急	乡镇政府以上政府部门、村委会、街道办或项目指挥部、工作领导小组等临时机构（临时机构需要提供政府成立该机构的文件）	
	有序用电、限电	紧急	地市级及以上政府部门	需提供地市级及以上政府部门发布的有序用电方案，地市级供电单位或政府部门启动有序用电的通知、影响客户明细（户名、户号、地址）
第二类报备	系统升级、改造、演练	一般	省公司级及以上（原则上每月不超过 2 次）	

续表

类别	报备事项	紧急程度	材料提供单位级别	材料要求
第三类报备	地震、泥石流、洪水	紧急	县级及以上气象台	
	红色预警	紧急	市级及以上气象台、市级政府部门	
	其他恶劣天气预警应用级别	一般	市级及以上气象台、市级政府部门	
第四类报备	青苗赔偿（含占地赔偿、线下树苗砍伐）、停电损失、家电赔偿、建筑物（构筑物）损坏引发经济纠纷	一般	乡镇政府以上政府部门、村委会	需提供影响客户明细（户名、户号、地址）
	因触电、电力施工、电力设施安全隐患等引发的伤残或死亡事件	一般	有资质的第三方鉴定机构	需提供影响客户明细（户名、户号、地址）
	因醉酒、精神异常、限制民事行为能力的人提出无理要求	一般	村委会、街道办、医疗机构	需提供影响客户明细（户名、户号、地址）
	因供电企业电力设施（如杆塔、线路、变压器、计量装置、分支箱等）的安装位置、安全距离、噪声、运行工况和电磁辐射引发纠纷	一般	有资质的第三方鉴定机构	需提供影响客户明细（户名、户号、地址）

续表

类别	报备事项	紧急程度	材料提供单位级别	材料要求
第五类报备	因员工私人问题引起的经济纠纷、个人恩怨、个人作风引发投诉	一般	—	
	违约用电、窃电客户不满处罚结果	一般	—	需提供影响客户明细（户名、户号、地址）
第六类报备	“三供一业”“煤改电”“光伏扶贫”等新业务	一般	国网公司相关文件	针对“三供一业”已接收、未改造，不能具体到户号的情况，报备时要标注改造时间、具体街道、小区等详细信息。改造完成后，需提供影响客户明细（户名、户号、地址）

（3）突发气象灾害预警的重要服务事项报备应用范围见表 3-9。

表 3-9 突发气象灾害预警的重要服务事项报备

序号	气象灾害类型	预警等级		重要服务事项报备应用等级	重要服务事项报备应用时限	预警发布平台
		橙色	红色			
1	台风	12 小时内可能或者已经受热带气旋影响，沿海或者陆地平均风力达 10 级以上，或者阵风 12 级以上并可能持续	6 小时内可能或者已经受热带气旋影响，沿海或者陆地平均风力达 12 级以上，或者阵风达 14 级以上，并可能持续	橙色及以上	3 天	地市级及以上气象台、地市级政府部门
2	暴雨	3 小时内降雨量将达 50 毫米以上，或者已达 50 毫米以上，且降雨可能持续	3 小时内降雨量将达 100 毫米以上，或者已达 100 毫米以上，且降雨可能持续	橙色及以上	橙色 24 小时；红色 3 天	地市级及以上气象台、地市级政府部门
3	暴雪		6 小时内降雪量将达15毫米以上，或者已达 15 毫米以上，且降雪持续，可能或者已经对交通或者农牧业产生较大影响	红色	3 天	地市级及以上气象台、地市级政府部门

续表

序号	气象灾害类型	预警等级		重要服务事项报备应用等级	重要服务事项报备应用时限	预警发布平台
		橙色	红色			
4	寒潮		4 小时内最低气温将要下降 16℃以上，最低气温小于等于 0℃，陆地平均风力可达 6 级以上；或者已经下降 16℃以上，最低气温小于等于 0℃，平均风力达 6 级以上，并可能持续	红色	3 天	地市级及以上气象台、地市级政府部门
5	大风	6 小时内可能受大风影响，平均风力可达 10 级以上，或者阵风 11 级以上；或者已经受大风影响， 平均风力为 10 ~ 11 级，或者阵风 11 ~ 12 级，并可能持续	6 小时内可能受大风影响，平均风力可达 12 级以上，或者阵风 13 级以上；或者已经受大风影响，平均风力为 12 级以上，或者阵风 13 级以上，并可能持续	橙色及以上	橙色 24 小时；红色 3 天	地市级及以上气象台、地市级政府部门
6	沙尘暴		6 小时内可能出现特强沙尘暴天气（能见度小于 50 米）；或者已经出现特强沙尘暴天气，并可能持续	红色	24 小时	地市级及以上气象台、地市级政府部门

续表

序号	气象灾害类型	预警等级		重要服务事项报备应用等级	重要服务事项报备应用时限	预警发布平台
		橙色	红色			
7	高温		24小时内最高气温将升至40℃以上	红色	24小时	地市级及以上气象台、地市级政府部门

四 工单不满意办结审批单

工单不满意办结审批单见表 3-10。

表 3-10 工单不满意办结审批单

国网工单		工单类型	
处理部门	× × 供电公司 × × 供电所	所属地市	
处理情况（工单处理意见）			
处理部门审核	部门盖章 ________年________月________日		